西方心理学大师经典译丛

主编　郭本禹

人类的遗产

“文明社会”的演化与未来

The Human Legacy

[美] 利昂·费斯汀格 Leon Festinger 著

林小燕　译

中国人民大学出版社

·北京·

总译序

感悟大师无穷魅力　品味经典隽永意蕴

美国心理学家查普林与克拉威克在其名著《心理学的体系和理论》中开宗明义地写道："科学的历史是男女科学家及其思想、贡献的故事和留给后世的记录。"这句话明确地指出了推动科学发展的两大动力源头：大师与经典。

一

何谓"大师"？大师乃是"有巨大成就而为人所宗仰的学者"①。大师能够担当大师范、大导师的角色，大师总是导时代之潮流、开风气之先河、奠学科之始基、创一派之学说，大师必须具有伟大的创造、伟大的主张、伟大的思想乃至伟大的情怀。同时，作为卓越的大家，他们的成就和命运通常都与其时代相互激荡。

作为心理学大师还须具备两个特质。首先，心理学大师是"心理世界"的立法者。心理学大师之所以成为大师，在于他们对心理现象背后规律的系统思考与科学论证。诚然，人类是理性的存在，是具有思维能力的高等动物，千百年来无论是习以为常的简单生理

① 辞海．缩印本．上海：上海辞书出版社，2002：275.

心理现象，还是诡谲多变的复杂社会心理现象，都会引发一般大众的思考。但心理学大师与一般人不同，他们的思考关涉到心理现象背后深层次的、普遍性的与高度抽象的规律。这些思考成果或试图揭示出寓于自然与社会情境中的心理现象的本质内涵与发生方式；或企图诠释某一心理现象对人类自身发展与未来命运的意义和影响；抑或旨在剥离出心理现象背后的特殊运作机制，并将其有意识地推广应用到日常生活的方方面面。他们把普通人对心理现象的认识与反思进行提炼和升华，形成高度凝练且具有内在逻辑联系的思想体系。因此，他们的真知灼见和理论观点，不仅深深地影响了心理科学发展的命运，而且更是影响到人类对自身的认识。当然，心理学大师的思考又是具有独特性与创造性的。大师在面对各种复杂心理现象时，他们的脑海里肯定存在“某种东西”。他们显然不能在心智“白板”状态下去观察或发现心理现象背后蕴藏的规律。我们不得不承认，所谓的心理学规律其实就是心理学大师作为观察主体而“建构”的结果。比如，对于同一种心理现象，心理学大师们往往会做出不同的甚至截然相反的解释与论证。这绝不是纯粹认识论与方法论的分歧，而是对心灵本体论的承诺与信仰的不同，是他们所理解的心理世界本质的不同。我们在此借用康德的名言“人的理性为自然立法”，同样，心理学大师是用理性为心理世界立法。

其次，心理学大师是“在世之在”的思想家。在许多人看来，心理学大师可能是冷傲、孤僻、神秘、不合流俗、远离尘世的代名词，他们仿佛背负着真理的十字架，与现实格格不入，不食人间烟火。的确，大师们志趣不俗，能够在一定程度上超脱日常柴米油盐的束缚，远离俗世功名利禄的诱惑，在以宏伟博大的人文情怀与永不枯竭的精神力量投身于实现古希腊德尔菲神庙上“认识你自己”之伟大箴言的同时，也凸显出其不拘一格的真性情、真风骨与真人格。大凡心理学大师，其身心往往有过独特的经历和感受，使之处于一种特别的精神状态之中，由此而产生的灵感和顿悟，往往成为其心理学理论与实践的源头活水。然而，心理学大师毕竟不是超人，也不是神人。他们无不成长于特定历史的社会与文化背景之下，生活在人群之中，并感受着平常人的喜怒哀乐，体验着人间的世态炎凉。他们中的大多数人或许就像牛顿描绘的那般：“我不知道世上的人对我怎样评价。我却这样认为：我好像是在海上玩耍，时而发现了一个光滑的石子儿，时而发现一个美丽的贝壳而为之高兴的孩子。尽管如此，那真理的海洋还神秘地展现在我们面前。”因此，心理学大师虽然是一群在日常生活中特立独行的思想家，但套用哲学家海德格尔的话，他们依旧都是“活生生”的“在世之在”。

二

那么，又何谓“经典”呢？经典乃指古今中外各个知识领域中“最重要的、有指导作用的权威著作”①。经典是具有原创性和典范性的经久不衰的传世之作，是经过历史筛选出来的最有价值性、最具代表性和最富完美性的作品。经典通常经历了时间的考验，超越了时代的界限，具有永恒的魅力，其价值历久而弥新。对经典的传承，是一个民族、一种文化、一门学科长盛不衰、继往开来之根

① 辞海．缩印本．上海：上海辞书出版社，2002：852.

本，是其推陈出新、开拓创新之源头。只有在经典的引领下，一个民族、一种文化、一门学科才能焕发出无限活力，不断发展壮大。

心理学经典在学术性与思想性上还应具有如下三个特征。首先，从本体特征上看，心理学经典是原创性文本与独特性阐释的结合。经典通过个人独特的世界观和不可重复的创造，凸显出深厚的文化积淀和理论内涵，提出一些心理与行为的根本性问题。它们与特定历史时期鲜活的时代感以及当下意识交融在一起，富有原创性和持久的震撼力，从而形成重要的思想文化传统。同时，心理学经典是心理学大师与他们所阐释的文本之间互动的产物。其次，从存在形态上看，心理学经典具有开放性、超越性和多元性的特征。经典作为心理学大师的精神个体和学术原创世界的结晶，诉诸心理学大师主体性的发挥，是公众话语与个人言说、理性与感性、意识与无意识相结合的产物。最后，从价值定位上看，心理学经典一定是某个心理学流派、分支学科或研究取向的象征符号。诸如冯特之于实验心理学，布伦塔诺之于意动心理学，弗洛伊德之于精神分析，杜威之于机能主义，华生之于行为主义，苛勒之于格式塔心理学，马斯洛之于人本主义，桑代克之于教育心理学，乔姆斯基之于语言心理学，奥尔波特之于人格心理学，吉布森之于生态心理学，等等，他们的经典作品都远远超越了其个人意义，上升成为一个学派、分支或取向，甚至是整个心理科学的共同经典。

三

这套“西方心理学大师经典译丛”遵循如下选书原则：第一，选择每位心理学大师的原创之作；第二，选择每位心理学大师的奠基、成熟或最具代表性之作；第三，选择在心理学史上产生过重要影响的一派、一说、一家之作；第四，兼顾选择心理学大师的理论研究和应用研究之作。我们策划这套“西方心理学大师经典译丛”，旨在推动学科自身发展和促进个人成长。

1879 年，冯特在德国莱比锡大学创立了世界上第一个心理学实验室，标志着心理学成为一门独立的学科。在此后的 130 多年中，心理学得到迅速发展和广泛传播。我国心理学从西方移植而来，这种移植过程延续已达百年之久①，至今仍未结束。尽管我国心理学近年取得了长足发展，但一个不争的事实是，我国心理学在总体上还是西方取向的，尚未取得突破性的创新成果，还不能解决社会发展中遇到的重大问题，还未形成系统化的中国本土心理学体系。我国心理学在这个方面远没有赶上苏联心理学，苏联心理学家曾创建了不同于西方国家的心理学体系，至今仍有一定的影响。我国心理学的发展究竟何去何从？如何结合中国文化推进心理学本土化的进程？又该如何进行具体研究？当然，这些问题的解决绝非一朝一夕能够做到。但我们可以重读西方心理学大师们的经典作品，以强化我国心理学研究的理论自觉。“他山之石，可以攻玉。”大师们的经典作品都是对一个时代学科成果的系统总结，是创立思想学派或提出理论学说的扛鼎之作，我们可以从中汲取大师们的学术智慧和创新精神，做到冯友兰先生所说的，在“照着讲”的基础上“接着讲”。

心理学是研究人自身的科学，可以提供帮助人们合理调节身心

---

① 在 20 世纪五六十年代，我国心理学曾一度移植苏联心理学。

的科学知识。在日常生活中，即使最坚强的人也会遇到难以解决的心理问题。用存在主义的话来说，我们每个人都存在本体论焦虑。“我是谁，我从哪里来，我将向何处去?”这一哈姆雷特式的命题无时无刻不在困扰着人们。特别是在社会飞速发展的今天，生活节奏日益加快，新的人生观与价值观不断涌现，各种压力和冲突持续而严重地撞击着人们脆弱的心灵，人们比以往任何时候都更迫切地需要心理学知识。可幸的是，心理学大师们在其经典著作中直接或间接地给出了对这些生存困境的回答。古人云：“读万卷书，行万里路。”通过对话大师与解读经典，我们可以参悟大师们的人生智慧，激扬自己的思绪，逐步找寻到自我的人生价值。这套“西方心理学大师经典译丛”可以让我们获得两方面的心理成长：一是调适性成长，即学会如何正确看待周围世界，悦纳自己，化解情绪冲突，减轻沉重的心理负荷，实现内心世界的和谐；二是发展性成长，即能够客观认识自己的能力和特长，确立明确的生活目标，发挥主动性和创造性，快乐而有效地学习、工作和生活。

我们相信，通过阅读大师经典，广大读者能够与心理学大师进行亲密接触和直接对话，体验大师的心路历程，领会大师的创新精神，与大师的成长并肩同行!

郭本禹

2013 年 7 月 30 日

于南京师范大学

目　录

前 言

在促成这本书的过程中，许多人通过不同的方式帮助过我，我 vii
想在此对他们表示感谢。

首先是社会研究新学院的研究生部主任乔·戈林鲍姆和新学院主席杰克·埃弗雷特。当我告诉他们我打算关了我的实验室并开始学习考古学时，他俩眼都没眨一下，还给了我一些鼓励。他们肯定认为任何事都比我之前一直所做的事更好吧。

谢里·沃什伯恩则给我更多的鼓励——他在我想从事的领域中已有很多贡献。他认为我对这些事有兴趣再好不过，而我也从他那儿学到许多。另外，还有一些我十分尊敬的心理学家，他们不仅不认为我已迷失在深渊之中，甚至也对此产生了兴趣，并和我一起参加一些极具启发性的研讨会。他们是迈克·加扎尼加、朱利安·霍赫伯格、乔治·米勒、赛格·莫斯科维奇和戴夫·普雷马克。

仅仅通过阅读，可以掌握和理解的事物是有限的。在任何领域，都有许多未被记录的或者难以言传的知识。所以，有时我也得设法和专家交谈，或和他们一起考察挖掘点。受惠于欧弗·巴尔-约瑟夫、亚瑟·耶利内克和雅克·提克西耶，我获益良多。

利兹·科尔曼、杰克·埃弗雷特、斯坦利·沙赫尔和特鲁迪·费斯汀格阅读并批评了我早先的手稿。良好的、诚实的和有建设性的批评往往是难得的，感谢他们给我提出这样的批评。

在此，我必须提到另一个人：萨利·马克斯。她优雅而尽责地忍受了我没完没了的修改，忍受我在拼写错误上的纠结以及与参考书目相关的诸多琐事。

最后，感谢斯隆基金会为我的教育提供赞助，这使这本书得以成形并付梓。

导论

随着时间的推移，我的实验室开始致力于研究诸如人眼如何运 ix
动之类越来越精细的问题。四年前，我关掉了这个实验室。虽然我自然而然地说我的实验室好像出问题了，但实验室不过是一些房间和设备的集合，说到底，是我自己在构思并研究越来越精细的技术性问题。

对不喜欢衰老这个形容词的老年人来说，这并不是一个合适的职业。年轻人更应该研究精细的问题。年轻人更容易有热情：任何新发现都是令人兴奋的事。上年纪的人对过去想法太多，而对未来可能又耐心太少。在过去几年，几乎没有什么小发现是重要的；那些在年轻时代让我欢呼雀跃的事情，如今只给我留下了冷静和吹毛求疵。而缺乏热情又不断让我想起那个让人讨厌的形容词——衰老。

以批判的视角看待最近的过去，也使人感到虚弱。四十余年来，我积极地参与心理学领域的研究。在这期间，我从事于统计分析，研究动物行为，描述决策过程和动机，提出关于社会行为的理论，并探索视觉感知。许多天资聪颖、精力充沛的人和我一起开展这些研究，并往这些或相关领域的期刊投了大量技术性论文。这四十年，的确是我在心理学中相当活跃的四十年。

对我来说，这四十年看起来十分漫长。在此期间，尽管我学到了一些关于人类和人类行为的知识，但取得的进步并不够快；而新知识本身，也无法给人留下深刻的印象。更糟糕的是，从一个更广阔的视角来看，我们似乎并没有解决太多重要的问题。

我们可以看看现代人类，看看这种好求知的动物。问问我们是
x 已经足够了解他，还是我们只是习惯并适应了他的独特性。仅仅是蜻蜓点水般的反思也足以发现人类活动中许多非常奇怪的事实。一个惊人的事实是，我们并没有天然的栖息地。其他动物在相对特定的气候条件下才能生生不息，但我们似乎并非如此。我们遍布于整个星球。假如我们一度拥有一个天然的栖息地，那么，一朝失去，是否会影响我们的思想、情感和行为模式，抑或是不足挂齿？

另一个奇怪的事实是，我们在诸如装饰、颜色、视觉艺术、音乐、舞蹈和诗歌一类的审美活动中投入了大量的精力、脑力和时间。但事实上，并没有任何可以称为审美心理学（Psychology of Aesthetic）的知识或理论主体。我们几乎完全忽视了人文关怀这样一个重要的领域。

同样奇怪的是我们在生理上和心理上对游戏的普遍沉迷。五花八门的游戏委实令人叹为观止：牌类游戏、棋类游戏、词类游戏、球类游戏和电子游戏。一些游戏由偶然所支配，另一些混合着偶然与技能，还有一些则完全是仅与技能有关的知识游戏；一些游戏是竞争性的，另一些则可以单人玩。所有这些游戏意味着什么？仅仅是因为我们容易觉得无聊并且不能忍受寂寞吗？在科学心理学的文献中，我没有发现任何能帮我理解这些行为的知识。

从一个纯粹进化的视角来看，即从增加物种生存可能性的能

力、属性和倾向来看，人类携带着相当多的累赘。而且，他珍视这种累赘，因为对他来说，这并不是一种负担，而是快乐的源泉。如果想探寻人类的潜在追求与动物之间的差异，我们可以将目光投向与这些被珍视的累赘相关的人类活动。不难想象为什么心理科学会回避诸如此类的议题。其对定量测量和实验方法论的执着，以及或多或少地以自然科学的形象自居的做法，使得它难以触及这些议题。

因此，我关闭了我的实验室，舍弃了实验方法论，并决定通过史前历史的起源来学习任何与人类有关的知识。人类如何进化？我们当下的生活方式，它的开端是什么？陷入诸多问题的当今人类社会，它的起源是什么？简言之，我开始了一项完全分散的、几乎没有边际的工作。我甚至无法详细说明我在追求什么。但我向你保 xi
证，假使这种努力是疯狂的，它也是愉快的疯狂。

在过去几年中，通过无差别的阅读，通过向众多专家、行家取经，我学到了许多过去一无所知的知识：关于生活在 200 万年前的人类；关于石器制作的技巧；关于艺术最早的开端；关于农业的起源和组织社会的发展。

鉴于我的知识背景，我所关涉的问题和我觉得有意思的事实，自然都与社会、心理问题接壤。但大部分的资料，并不能直接对这些问题进行推断。阅读冗长、详细的资料，如关于在某些挖掘点中发现的石器形状、大小和风格的资料，其实收效甚微。虽然我试着学习并理解这些资料和技术，但力有未逮。要学的东西太多了。除非有人告诉我该看什么以及它们意味着什么，否则我自己去考察某个正在挖掘的遗址，也毫无意义。因此，我只能寄希望于在事实和理解上自己没有犯太多的错误。

从最初的完全两足灵长类到 4 万年前现代人的出现，这期间是历时 300 万年的发展。这些发展主要体现在骨头化石和石器上。史前时期的现代人留下了更加丰富的记录，包括艺术、房子、陶器，等等。能将这些记录组合在一起的线索可能多种多样且纠缠不清，甚至其中许多线索仍未显现。而屈指可数的资料，还可能导致无法完全展现连贯的进化、变革与发展模型。

当我掌握足够的事实与资料时，我便尽量从中收集一些线索。于我而言，这些线索可以表现人类漫长发展历程的某些连续性，可以帮助我理解人类是如何发展到如今的地步的。这些由我偶然获得并最终为我所用的观点，分散在本书各个章节之中。

我想我已经抓住了这个时代中最为久远的问题，尽管我仍十分担心自己做得不够好。我不能也不愿意放弃的一个信条是：观点、
xii 假设和猜想与经验资料必须保持密切的关联。在这里，我无法讨论它的证明或证伪的过程，因为这几乎无从下手。但至少，资料应当约束解释，而解释则应当成功地为新资料作出一定程度的暗示和预测。否则，有人可能不停炮制一些有趣的故事。尽管这些故事可能符合我们的倾向，但它们仅仅是故事。而想象力丰富的人类又如此善于编造逸事奇谈。

然而，古生物学和考古学记录相当不利于我想要采取的思考方式。它们的记录与记录之间往往截然对立，而从不同的角度去看，几乎所有记录都有其合理性。资料的缺乏与不完整以及我们所了解的知识受限于其他人所决定的挖掘点这一潜在事实，都造成一些往往悬而未决的模棱两可。

我尽量使那些我从其他人那里借用过来的解释和从我自己的想法中产生的解释，与已知的事实保持密切的关联。但是我发现，在很多情况下，不仅可能有替代的解释，而且很容易获得替代的解释。当然，我也阐述了引导我作出某种解释的事实和语境。但我必须承认，尽管我所提出的原因和连续性是不完整的，但就我而言，这些演化发展的原因和历史连续性，貌似是最合理的。

只要有可能，我就有意避免用现代群落相关的人类学资料去支持关于过去的解释。虽然有许多人这样做，但就我而言，这样做不仅风险极大，而且毫无根据。现代群落，无论他们的社会组织有多简单或多“原始”，他们的生活方式或者信仰体系，都无法等同于生活在 2 万多年前甚至是 1 万多年前的人类群落。从生物学上来说，他们的确是一样的。而且，如果有人想做生物学的推断，他也可以开发人类学的资料。但是从心理和社会上，并没有理由让我们相信，现代群落可以等同于很久之前的人类群落。在 1 万或 2 万年的消逝中，社会形态和生活方式可能发生很大的变化；由于与世隔绝，或因为某种原因，那些与人类社会主流格格不入的群落被大量淘汰；同时，这些群落一般被“更发达”的社会推挤到边缘地区。

所以，一个以狩猎采集为生而非以农业为生的现代群落，在男
女之间往往存在着劳动分工，男人狩猎，女人采集，但这并不意味 xiii
着，这是 2 万年前的分工方式。它最多表明，这是一种人类可能采用的劳动组织手段。如果现代放牧、游牧群落，拒绝安定下来，这并不意味着 1 万年前的人类也拒绝定居生活。现代简单群落的魔法和宗教信仰，也不能表明在遥远的过去人类拥有某种信仰。

我并不想因此引起误解，我当然也不会认为研究现代群落没有

价值。至少，通过指出可能的文化多样性，这些研究丰富了我们对过去的理解。但是，对过去的解释必须主要建立在关于过去的资料上。有时也需要着眼于事件的先后顺序，也即 9000 年前的进化知识可以帮助我们理解 1 万年前发生的事情。而有关现代群落的知识，最多只能为我们指出人类可能的适应方式之一。

我不能说这本书是全面的。事实上，它并不全面，因为它既不包含人类进化和发展的全部，也没有处理所有可用的资料。我在这本书中所选择的覆盖面源于各种考虑。首先，对于来自世界许多地方的资料，我一般忽略或只是一带而过。在描述或尝试解释发展时，我往往会将自己限定在发展起源地的资料上。例如，自农业在西亚地区开始之后，过了 1000～2000 年，传播到了欧洲。为了理解农业如何开始及为何开始，我们必须着眼于西亚，而非欧洲。这样做的结果是，在不同的时候，面对不同的主题，我会谈论人居世界的不同部分。我尽量让这种谈论不至于曲解资料（希望我做到了这一点）。我认为，我所谈论的，不只是关于某个特定地方的人类的，而是关于普遍意义上的人类的。

由于另外一个原因，这本书还有一个重要的缺漏，即我忽略了丰富的美洲印第安农业资料。面对人类最后 350 万年的进化，在试着理解哪些是已知事实、哪些是推测事实的过程中，我会让自己周期性地设置一些边界，以使手头的任务更加切实可行。在我探索过的领域中，我尽量充分收集资料，以便对现有文献的解释作出自己
xiv 的评价。需要掌握的信息不计其数，这导致我不得不放弃美洲印第安人的资料。他们出现在史前时期的后期，并且与任何已知的过去都没有连续性。他们的居住环境也与其他地区不同，而且与其他地

区的发展相隔绝。这种缺漏可能是一个重大的错误。不过，如果美洲印第安人的资料能为我所讨论的一些问题带来其他洞见，或者能对我的一些理解提出质疑，我相信会有人告诉我。

这本书同时也受限于那些我认为可信的文献观点和那些我所认识到并在我的自我批评中幸存下来的观点。我不想写我所知甚少的内容，也不想写众口不一而我不知该持何观点的内容。虽然相关的观点支离破碎，但我仍希望这本书可以为人类是何种有机体、我们如何发展我们如今所“享受”的生活方式，带来一些更好的理解。

根据不同的考察对象，我将全部章节分为两个部分。第一部分试图从进化史中对“兽性”做一些推断。每一种动物都有其与生俱来的特性，这种特性是由基因决定的。并且，就我而言，我们应该通过审视生物进化的方向和进化发生的条件，来认识人类的这种特性。当然，我并不打算完全描绘“人性”这个令人生厌的概念，而是去尽可能地思考并推敲那些必要的特性，那些如果我们想要有所理解就不得不去假设其存在的特性。

这本书的第二部分主要着眼于距今最近的 2 万或 3 万年前。在这个时期，人类并没有发生可察觉的变化。现代人，作为人类现存的物种，并不总以我们当下的方式生活。生活方式和社会组织的模式，在最后 5 万年发生了大量的变化。为了能增加我们对人类和当今人类社会的理解，我将尽力审视下列问题：具有我所认为的天性的人类，他们是如何引发这种变化的？他们为什么要引发这种变化？人类群落在某个地方安定并居住下来是如何发生的？从依赖野生动植物到依赖农业的变化是如何出现的？如今被广泛支持的一些信仰体系的起源是什么？庞大的、高度分层的社会，它们的开端在哪里?

xv 毋庸赘言，任何人，如果没有在不同程度上受到他成长、生活于其中的信仰体系和价值观的影响，他就无法审视、理解过去。但我认为，要充分理解过去，我们很有必要从那些无法割舍的信仰体系和价值观中完全抽离出来。但我在一点上的这种努力显然是不够的。阿基米德（Archimedes）有一个著名的论断：如果给他一根足够长的杠杆、一个足够强的支点，并让他站在一个可能足够远的地方，他便可以撬动地球。对于这些要求，我仅希望获得第三点——站在一个足够远的地方，以使我能更清晰地观看人类社会。

第一部分

进化的狭路

第一章
最早的人类

这是一本关于人类的书。这本书关于人类如何在生理、社会和 3
心理上进化并发展成今天我们所能看见的、生活在复杂社会中的且生活中处处充满问题的现代物种。在决定从哪里开始讲述这个故事之前，我们必须首先明确是哪些特性或品质，使得我们可以毫不犹疑地断言某一种动物是人类。

这和尝试说明现代人诞生的进化路径并不是同一个问题。有一个相当普遍的共识是，在 500 万年前到 1500 万年前之间（这个时间跨度足以使这个共识得以成立）的某一时点，有两条进化的路径分岔了。其中一条通向了今天的人类，而另一条则通向了现代非人的灵长类。迄今为止，许多人将生活在那一时期的腊玛古猿(Ramapithecus)看成人类进化路径可能的起点。这一认定的基础是它的下颌骨形状和臼齿的明显优势。但只有下颌骨和牙齿保存得最好，此外没有发现腊玛古猿的其他部位。也就是说，下颌骨和牙齿是我们所知的全部。但似乎没人愿意将腊玛古猿归为人，哪怕一丁点儿也没有。人类颌骨和现代人的牙齿惨状并不是我们所考虑的重要特性（不算牙医的意见）。也许腊玛古猿有其他我们所考虑的更重要的特性，只是我们根本不知道而已。

一个动物身上的哪些特性将说服我们称其为“人类”？遗传的相似性显然与此毫无联系。毕竟现代人和现代黑猩猩至少有98%的基因结构是一样的，但没人会将后者称为“人”。我们认为，有一些特性是“人类独有”的，我们期望从化石记录中把这些特征识别或推断出来，以称其为“最早的人类”。

大约400万年前，业已存在双腿行走的动物。这些动物在生理
4 方面和现代人有一些相似之处。诚然，这些动物可能存在于更早的时期，但现有最早的化石证据只能追溯到400万年前。那是很久以前，久到很难完全理解究竟有多久。对这个问题的理解有点类似于理解7000亿美元的国家预算，它在我们的经历或我们的头脑中没有直接的概念。现代人，正如我们所知的那样，在4万年前（这也是一段漫长的时间）登上了历史的舞台。

这些400万年前的动物是怎样的？他们是“人类”这一崇高称号的合理人选吗？如果直立的话，它们有4～5英尺[①]高。它们的脑容量（它们脑子的大小）大概为现今人类的四分之一（但其大脑的效能则不一定如此）。它们的手也有一个与其余手指相对的拇指，但该拇指的长度及其与其余手指的距离处于现代人类与现代黑猩猩之间。它们与现代人类最大的相似点是其完全双足直立的姿势。例如，他们不会像现代黑猩猩那样，有时用两条腿走路，有时用四条腿走路。它们也不会弯腰走路，仿佛生来就用双足行走一般。骨骼的整体结构表明它们通过完全直立行走——就和我们今天行走的方

① 译者注：1英尺约为0.3048米。

式一样。（Johanson and White，1979；Johanson，1980）对此，可能更具有说服力的证据是脚印这一引人入胜的发现。这些脚印是由4万年前的某些动物留下的。这些脚印的形状、形态及其承重区域，几乎和我们自己的脚印一模一样。（White，1980）

那么，我们能称他们为人类吗？完全双足直立行走这一生理特性是否比下巴的形状和臼齿的相对优势更重要？许多人倾向于认为，人类的双手从行走的负担中解放出来，是一个伟大的进化事件。自此，他们立刻开始制作工具、投掷长矛、书写十四行诗。但如果我们仔细地思考这个事件，那么，就双足直立行走本身来说，肯定也有一些近乎灾难性的劣势。

例如，为了进攻、防御或者逃跑，运动迅疾对任何动物来说都是一个高度有利的事情。而双足直立行走极大地降低了运动速度。就像沃什伯恩（Washburn）向我指出（私人交流）的那样，最具天赋且训练有素的现代人，在理想的情况下奔跑，仅能以一小时15英里[1]的速度跑一英里的距离。而很多种的四足动物则可以在正常条件下，轻松地维持一小时35英里的运动速度。几乎所有四足动 5
物都比人类跑得更快。在逃跑的时候，以不受拘束的四肢爬树，可能会在某种程度上抵消缺乏速度导致的弱点。不管怎样，在任何情况下，以现代黑猩猩为代表的部分两足行走（partial bipedalism）动物，都将更有优势。这种动物，可以在任何它需要的情况下，用所有四肢来奔跑，或者非常有效地用四肢来攀爬。

此外，完全双足直立行走也有额外的重负。许多非人灵长类动

① 译者注：1英里约为1609.34米。

物是部分两足行走动物，当有一条腿的伤口或者骨折处正在愈合，它们仍可以勉强地用另外三条腿活动。要知道，伤口或者骨折处在4万年前对于完全两足行走生物来说，是非常要命的。因此，沃什伯恩是正确的，他坚持“这一增加弱点并降低速度的运动模式的进化，需要特殊的解释”（私人交流）。

重要的是，使这一有严重缺陷的物种存活下来甚至蓬勃发展的，并不是它们的两只手臂可以不受拘束地另作他用，而是这种动物所拥有的大脑和神经系统，使得它们可以卓有成效并自如地使用这些原本无用的附属肢体。除非在特殊情况下，两足动物如果在神经基础（我们可以称之为智力）上没有充分进化，它们将无法存活太久。例如，我们很难看到两只相对无用的手臂对袋鼠有何作用，或者两只无用的翅膀对鸸鹋、鸵鸟或企鹅有何作用。

在这么多年前，完全两足行走的灵长类动物将这些不受拘束的四肢作何用处呢？李（Lee，1979）和拉夫乔伊（Lovejoy，1981）指出，双手和双臂可能用来携带食物和小孩。他们都很重视这一点，并且他们猜测，这促成了食物的分享和可以帮助两足行走动物克服生理缺陷的社会组织。他们可能是正确的，携带可能是重要的，并且合作的社会组织无疑有利于分享。但是这并不是唯一重要的事情。人类的双臂和双手，过去不是现在也不是双腿的特定附庸。他们为双臂和双手创造了各种非比寻常的用途，而在此，创造是关键词。

因此，动物身体某一部分真正成为一种多用途的工具，这是相当不寻常的。有人可能会说，许多动物都将四肢用于多种目的。事实也的确如此。例如，马有时也会用后腿踢，就像它们最初用腿来

活动一样；而狗有时也会用脚抓或刨；黑猩猩则会用他们的前肢拿 6
东西、扔东西、够东西。但是这和人类为其前肢所创造的用途完全不在同一个量级上。事实上，富有创造性的人类甚至试图将他们的后肢变成多用途的工具。例如，当我们开车的时候，一只脚可以做许多事情。从生物学上说，动物肢体的多用途并不是必要的。但富有创造性的大脑使这种多用途成为可能。这一物种存活下来并进一步进化，是因为这种动物用它们容量为350～400立方厘米的大脑去探索，去发明，去变得足智多谋。这种心智能力自然将这一物种标定为人类。从这一点来说，人类的故事起源于一种善于发明并且确实有所发明的动物。

从那时起，这一物种成功进化、发展的方向变得十分狭窄。增加肢体有用性这一生物学上的变化可以提供不断增长的适应优势，但这些可能的生物学变化在数量上是微乎其微的。其中之一是，大脑容量和大脑组织的变化——这可以增加人类的创造性和智慧；另一个是，双手和手脑关联的变化——这可以提高手的精细控制能力。

其他的呢？视觉系统可以进化得更灵敏，并有更准确的双眼深度知觉——这可以增加双手的用途。而这种进化可能也确实发生过，但我们现在不知道，将来可能也不会知道。体形的变化、更有力气或跑得更快，所有这些变化，对人们养活自己和保护自己免于危险所产生的影响，其实微乎其微。事实上，这些变化确实发生过。人类确实变得更大，而且尼安德特人甚至比现代人更大、更壮。但这和适应优势在很大程度上是不相关的。相比于能够制作一个更好的长矛，或能够发明一个精确且机械化的长矛投掷器，能够更用力地投掷长矛所带来的优势，显得无足轻重。一个更大的动物可能拥有某些生存优势，但一个更高大的动物也需要为这个系统提供更多的养分。它需要获得更多的食物，并吃掉它们。对于人类来说，体形变大并没有太大的好处；这一进化上的变化，可能和鹰或大雕在地面上走得更快相类似。

7 手和大脑确实发生了进化。在上万年的过程中，大脑的容量变得更大，其组织也有所变化；而手则变得越来越善于完成高精度的动作。(Napier，1962）因此，生理缺陷迫使人类依靠创造力和智慧决定自己的进化方向。

对于业已成熟的论证，我们应当对其本质有清晰的认识。诚然，并没有直接的证据表明这些动物比其他动物更有想象力、更有智慧或更有创造力。但我们的确清楚，它们是持续存在且至今仍然存在的完全两足行走动物。我们认为，双足行走对于动物来说，是一种严重的缺陷；除非对这种缺陷有充分的补偿，否则具有这一特性的物种将无法存活。同时，我们也认为，最重要的补偿特性是，发现其前肢用途的智慧与创造力。

这些最早的人类如何生活？他们居住在哪里？他们是怎样的？正如我们所预料的那样，可以用来回答这些问题的证据是有限的。这些证据包括：业已发现的骨头、这些骨头的地点以及与当时的地形和气候相关的地理证据。事实上，我们可以说，任何与这些证据相关的事物，就其本身来说，都是对现代人类智慧的颂歌。

首先，我们如何得知那些骨头的年龄？确定岩石或化石的年龄，这一问题是极为繁杂的。并且，直到最近二十年，才在建立相当可信的绝对年代测定法上取得了重要的甚至是引人注目的进步。

即便如此，我们仍然不能寄希望于将这些古老化石的年代精确到一百年，它们甚至不能精确到一千年。精确到几百年或几千年便足以令人惊叹。并且，我们知道，最古老的人类生活在 300 万～400 万年前。

最早的人类化石发现于东非的埃塞俄比亚南部、肯尼亚北部和坦桑尼亚。据我们所知，这个地区在过去 200 万～500 万年前，是一个相当特殊且温和的地方。在一段相当长的时间里，地球气候一度日益变冷。而到 400 万年前，冰河作用已经形成，冰川覆盖在南 *8*
极大陆和中纬度高山地区。极为明显的周期性变化反复地出现在世界大部分地区。每个周期持续几万年。在寒冷的冰河纪，中纬度地区每年的平均气温可能在 0℃到 3℃（32℉到 37℉）之间；而在温暖的间冰期，其温度可达到 5℃或 6℃（41℉或 43℉）。这些巨大的温度变化和波动延续到了今天。地质学家认为，我们现在正处于一个仅开始于 2 万年前的间冰期。

但是这种普遍的事件只能在最低限度上反映早期人类的居住区域。虽然世界其他地区所发生的冰川作用影响着湖泊水位、海平面和湿度，但那个地区并不能成为周期性温度波动的证据。在冰河作用强烈的时期，水位将更低。巴策（Butzer）将这一地区的气候条件总结如下：

> 在上新世（Pliocene）和更新世早期（early Pleistocene）（100 万～500 万年前）之间，原始人类（人类）进化的重点在东非和南非，这也许不是一个偶然。这些区域极少受到第三纪晚期大规模环境变动的影响。在此，我们发现，种类多样的原始人，其日益增长的人口，在地理范围上是重叠的。从目前的

记录来看，大致在南纬 27°到北纬 9°之间。

正如巴策所言，到 150 万年前，人类已经遍布东非和南非，而且不止一个物种。在那时，至少有两种完全两足行走的物种同时存在。那时候也发生了生物变化上的进化。在 350 万年前存在的物种，到 150 万年前时，已经不复存在。它们已经被其他物种取代了。

早期人类的扩散，历时大约 200 万年，跨越大约 2000 英里。这诚然不能代表快速的人口增长或人口扩张。200 万年是很漫长的一段时间；每几代人的迁移可能非常小，小到几乎难以觉察。而且，这也无法代表早期人类群落扩张到新的气候区域。这种扩散仅
9 限于相同环境条件下的同一区域。在那个时期，这个区域的特征是合理的温度和半干旱气候——每年干湿季节交替。目前所发现的遗址，往往离水源诸如湖岸、溪流或沉洞①不远，并且在开放和封闭的植被区之间。因此，他们生活在种类丰富的动植物附近。同样，毫无疑问，他们的饮食也是各式各样的，随着季节而变化。

这可能是因为他们生活在小群体中，为了满足他们对食物的要求，他们可以一次又一次地变更他们的居住地。这一主张的证据自然是非常贫乏的。通过营地的大小我们可以试着推断群体的大小，但如果要充分论证这个主张，那么我们的假设必须考虑这个遗址被占据了多长时间。在此，假如我们所考虑的主要是 300 万年前发生的事情，那么，我们必须承认，我们的推断相对天马行空。最有效

① 译者注：沉洞，亦作岩溶塌陷、动摇洞、吞口，是一种自然现象，一般出现于有水流经的石灰岩岩层。

的证据来自埃塞俄比亚的一个引人注目的发掘点。在这里，发现了可以追溯到300多万年前的化石骨头。(Johanson and White，1979)这些化石包括几乎来自身体所有部分的骨头，并且“有几块关联的骨骼来自同一个人”。事实上，发现了某个人将近百分之四十的骨骼。它展示了一个直立的、成年的、低于4英尺的双足动物。据推测，这是一名女性。男性则可能有4.5～5英尺高。这些骨头至少代表了35个不同的个体，也许更多，可能有65个那么多。如果存在几乎同时死亡的迹象，那么，这意味着有相当可观的人群居住在彼此附近。然而，并没有任何这样的迹象。许多骨头聚在一处可能表明，很多代人反复占据了同一个地区。如果这种理解是正确的，那么，它意味着，最早的人类不是不停地涌向一个又一个地方，而是在一个地方停留相当长的一段时间，而且可能每年回来一次。

对于这些最早的人类，有人可能想说更多。但如果他哪怕只是想站得远远地接触证据，他也会明白，除了一件非常重要的事情，没什么更多的话可以说了。这件事情是，最早的人类一定创造了不受拘束的双手和双臂的多种用法。他们可能自如地将它们用于搬运食物，但假如确实如此，那么除了偶尔搬运大块的肉，也许这并不是它的主要用途。有效地搬运相当数量的食物需要发明能够实现容器功能的搬 10
运设备。试想一下，如果没有这样的设备，搬运水、水果、坚果、浆果或者食用根块，将会是怎样一种景况。每次都只能搬很少的东西。对于最早的人类来说，这种发明可能太早，但也可能并不早。

但是，有一点我们是确知的，并且也可以自信地陈述出来，即他们会使用双手来操控工具。我们所不知道的是，这些工具是什么，它们的具体用途是什么。他们可能用树木或者骨头的碎片作工具，但这些碎片无法保存数百万年。他们也可能用石片作工具，但即使它们得以幸存，我们也无法认出它们在很久以前曾被人们当成工具。

那么，我们是如何知道他们使用工具的？因为我们知道他们清楚锋利或者尖锐物体的优势。我们又是如何确定这一点的？因为在埃塞俄比亚的发掘点（Lewin，1981）发现，大约在 260 万年前，人们会有意地制作石器工具或磨制锋利的边缘。假如制作者不清楚锐边的用途而有意地磨制锐利的边缘，那么这是不可思议的。

有人可能认为，人类进化的约束和其他动物不一样，人类唯一有实质优势的基因变化是认知能力、创造能力、智慧与表达能力的增长，这可能有助于表明人类和其他动物的不同。但这并不足以说明人类和其他任何动物之间存在明显的不连续性，这仅仅表明在一些相关的领域，它们之间存在很大很大的差异。

有人会认为，既然这种差异如此明显，那么，要把它令人满意地展示出来，简直轻而易举。但事实证明，并非如此简单，因为这个议题能唤起一些非常强烈的情绪反应。这些反应不断试图模糊巨大差异和非连续性之间的区别。由于我们在此所考虑的是非常早期的人类，因而首先要考察的领域是智慧和创造力在使用与制作工具方面的实践。

除了人类，动物是否会以巧妙的方式使用工具？它们当然会。自从科勒（Köhler，1927）发表了对大猩猩的观察，人类并不是智
11 慧的唯一持有者，这一点便已广为人知。科勒发现大猩猩也会使用工具。例如，一只大猩猩，在没有引导、示范，也没有提示或线索的情况下，会将两条棍子纵向地拼在一起，以便能用更长的棍子够到一根本来够不到的香蕉。有人可能会认为，这只大猩猩很幸运，

因为把这些由人类所提供的棍子纵向地拼在一起，是轻而易举的事。但这种说法并没有抓住重点。重点在于，大猩猩已经有足够的智慧去创造和使用这个简单的工具。

不过，工具使用和制作并不局限于大猩猩或其他更高级的灵长类动物。贝克（Beck）最近发表了非人类迄今为止可能的工具使用和制作的详尽编目，为研究提供了卓越的服务。一些例子足以描述这些活动的广泛性。

在切叶蚁属中，许多种蚂蚁都会设计工具。这些工具用于搬运或传送软食如蜂蜜、果肉或猎物的体液。它们在流质食物里或在流质食物之上放一些叶子或木头，然后，它们会等一会儿，直到软食已经被工具吸收，它们再将它带回蚁巢，以便其他蚂蚁以此为食。据估计，"一个工蚁用工具带回的食物大约是它用公共胃搬运的食物的 10 倍（从重量上来说）"（Beck，1980：16）。

埃及秃鹰显然喜欢鸵鸟蛋，而在坦桑尼亚则观察到了秃鹰会用石头打开鸵鸟蛋。秃鹰发现一块重约 500 克的石头，便衔着这个石头飞向鸵鸟蛋。有时这个距离有 10 米甚至更远。然后秃鹰反复用石头砸或敲鸵鸟蛋，直到打破它。"鸵鸟蛋在 4～12 次击打中被打破，这个过程大约持续 2～8 分钟。"（Beck，1980：24）

啄木鸟会用细枝或其他合适的材料，来探查它们不能直接够到的、藏在洞里或者树皮下的昆虫。它们用嘴衔着工具。如果发现一只昆虫试图逃跑，它们会用工具把它撬出来或者抓住它。甚至有人发现，啄木鸟"不仅能拿起或拆开一个工具，而且能把它变短或者把妨碍插入的部分减掉一些"（Beck，1980：26）。

海獭似乎相当擅长使用工具。它们在海底发现合适的石块，便把这些石块带到海面上，并用石块敲打软体动物、贻贝和其他海产品，以打破其外壳。它们甚至用石头多次地敲打鲍鱼，将其从硬壳中分离出来，这样就可以吃掉它。如果海獭发现一块很好用的石块，它可能在相当长的一段时间里都会带着这个石块，甚至到了陆
12 地上也是如此。据报道，海獭“在漫长的浮动休息期或睡眠期，会把海带丝附着在身上，以增加浮力和稳定性”（Beck，1980：44）。

当然，如果我们不可避免地回到有关黑猩猩的讨论中，我们会发现种类相当繁多的工具。黑猩猩会使用敲打工具：许多观察者称，在西亚的野外，黑猩猩用石头甚至棍子去敲开种子和坚果。黑猩猩会使用探查工具：把草叶、细枝或者其他合适的材料当成一根探针，插入白蚁的巢穴。等到白蚁抓住探针，它们再取出探针，并吃掉白蚁。探针必须是灵活、坚韧且有弹性的。非常明确的是，“定位和找到可用的地道，选择和制作工具并有效地使用工具，需要大量的知识和技巧”(Beck，1980：87)。在一些地方，有人发现，黑猩猩用细枝条引诱蚂蚁或从蜂巢里采集蜂蜜。由此，黑猩猩会制作工具是显而易见的。众所周知，它们还会通过简单地咀嚼树叶，将其弄皱，以增加这些树叶的吸水能力。而后，出于各种目的，再把这些被弄皱的树叶当成海绵。黑猩猩甚至会制作有锐边的工具：“黑猩猩通过嚼碎木棍的末端来产生一个楔形的边缘，用来撬开东西。”（Beck，1980：114）

因此，在使用工具和制造工具这一点上，人类明显不是独一无二的。同样明显的是，在工具使用的种类上和在对生存工具的依赖上，人类和其他动物都有很大程度的不同。

第二章
从工具使用到技术

在 250 多万年前，一些早期人类有一个了不起的新想法。这个 15
想法的本质对今天的我们来说似乎非常简单，但在那个时候具有里程碑式的意义。在他们所处的条件下，工具或物体往往是天然可用的，但这并没有局限他们对这些工具和物体的使用。相反，他们会制作一些通常不可用的工具。例如，如果他们需要一块有锐边的石头来切肉、兽皮或木头，那么他们将试着制作这样一个工具。

我们不知道，他们试着用过多少种原料来制作这些工具——种类肯定非常可观。但我们确切地知道，他们曾试着制作有锐边的石器，因为最终他们成功了。精心制作的石器，最早可以追溯到 250 万年前，但是我们几乎没有发现那么早的石器。但有清晰的证据表明，到 200 万年前，业已存在一个广泛的、发展成熟的石器工业。

除非我们了解具体如何做，否则，在石头上制作有用的锐边并不是一件简单的事情。而在了解“如何做”的过程中，所需习得的知识和所需解决的问题则显现了与早期人类智力相关的某些方面。必须强调的是，它所显现的是我们在前一章中谈到的与早期人类智力有关的那些方面。与出现脑容量明显更大的新人种的年代相比，这些石器制作的时间至少提前了5万年。也许，随着新证据的积累，随着300万年前到200万年前之间的新化石的发现，脑容量开始变大的时间点要往前推，但可能并不用推很远。最有可能的情况是，这些早期工具是由脑容量400～450立方厘米的人类制作的。

在不允许使用说明册和书本的情况下，假使今天的我们拿到制
16 作石头锐边这样的任务，我们将会怎么做？只是捡起一块石头，不明就里地打碎它，是无法完成这个任务的。尽管这样每隔一阵也会出现一个锐边，但它并不是以可靠的、可重复的方式出现的。

首先，你必须清楚要用哪种石头，不要用哪种石头。细精硅的石头是最好的，包括黑硅石、燧石或者黑曜石，它是一种天然的、火山爆发所产生的玻璃。如果恰当地敲打这些石块，以规则的方式弄碎它们，将会产生非常锋利的边缘。

即使知道这些，并且也能分辨出恰当的石块，你也仍有其他难题。你必须了解如何在石块上准备一个敲击点，并在恰当的方向上，用石锤的下角在所需的地方剥下所需的部分。当你掌握所有这些知识，你还要通过大量的实践来掌握其所需的动作技能。在完全没有相关知识的情况下做这些事情，听起来可能很难，但发现和发明过程的复杂性可能更大。如果不知道如何用恰当的方式敲打石块，怎么可能知道哪块石头适合，哪块石头不适合？

即使有充分、完整的语言描述，也很难（也许不可能）让我们开始制作哪怕是最原始的石器。我第一次观看石器打制专家雅克·提克西耶（Jacques Tixier）制作这些工具：听着好燧石发出清脆的声音，坏燧石发出沉闷的声音；观察他决定在哪儿准备敲打台面；眼见他如何抓住一块石头，如何敲打它；发现石片从他所抓住的石

块底部落下来时的惊喜；以及由他清楚将产生什么尺寸与形状的石头所带来的确定性。所有这些，比我在与这一主题有关的大量阅读中所学到的任何东西都更有益。

最早制作石器的人并不知道上述已经为我们所知的原则，也不
知道制作技术的多样性。而他们制作的工具则可能被一些人看成是
原始的。但我们不要被这种词愚弄。这些工具之所以被认为是原始
的，只是因为有人把它们和很久之后更复杂的工具相比。最早发明
石器制作的人并没有其他任何人可以观察或模仿，他们必须自己产
生一个有意制作的想法，这可能是这项成就中最伟大的部分；然后
他们必须试着实践这个想法，去发现一些石头比另一些更好，并学
着控制如何把石头弄碎。他们所用的石头并不总是最好的，他们的
操作也并不总是出色，但是他们所制作的工具是有用的。不然，制 17
作东西的想法也不会仍旧是人类的基本特征，也不会是人类身体缺
陷的充分补偿。

我们不知道，在产生这个想法和积累足够的知识使这个想法得以实现之间，经过了几千万年。这可能花了很长时间。如果的确经过了许许多多代人，那么，我们必须假定我们称之为人的、生活在250万年前的物种，能够将一个不太可行的想法一代一代地传递下去。我们也必须假定，由于第一次尝试将面临巨大的失败，因而这些人类非常执着，为了追求可能实现的想法和信念，他们可以无视重复的失败。

如果我们考虑已知最早的发明是如何产生的，这就将引出一个独一无二的有关人类进化的问题。和支配其他能力的进化规则相比，智力、认知和创造能力的进化遵循不同的规则。基因变异产生

有利于飞行的翅膀，只有那些拥有这种基因特征的动物能从中受益。在某种程度上，能够飞行为这些物种的繁衍与发展提供了适应优势。如果这些物种没有形成有用的翅膀，那么它们将无法存活。为了有用，每一种动物都必须拥有这个特征。

当然，同样的原则也适用于人类。比如说，发生在人手上的解剖学变化，使得每个个体都能掌握更精细的操作与控制，并使所有人受益。毫无疑问，所有现代人类也都拥有这样善于控制且灵巧的双手。自然，也有个体差异性，比如一些人会比另一些人更笨拙，不过这种差异很小。

但诸如发明力、智慧和创造力这类能力则不同。并不是所有生活在250万年前的人类都必须拥有制作锐边工具的想法。事实上，并不是所有人都需要具有产生这一想法的能力，也不是都需要积累使得这一想法可行的必需的知识。如果他们中的某个人或某个小群体发明了一个新的方法，其他人则可以实践、模仿或学习。即使现代的发明和创新，也是少数人的产物，但这些产物带来的效益又能为多数人所共享。简言之，不是每个人都必须具备造福全人类和为
18 全人类提供适应优势的特质。那么，从进化的角度来说，我们就会面临一个矛盾的局面。准确地说，这种矛盾是，那种为整个物种提供主要生存优势的能力与某个个体自身的生存能力之间并没有直接的关系。这样一来，这种能力曾经是、可能是（并且现在也仍然是）人群中所稀有的能力。在这个领域中，拉马克学说(Lamarckian)的传播理论认为：一代人所学的知识可以传递给下一代人。

动物可以随意地生产锐边或尖头工具的好处究竟是什么？这个

问题的解释自然并不难懂。用这些工具，它们可以割下动物的皮，切下肉，可以挖、砍、刮，可以削尖木头。简言之，在最低限度上，他们可以更有效地开采他们当时所处的条件下可食用的食物资源。在最高限度上，他们可以用这些工具制造其他有用的东西。他们可以用树皮、兽皮制作承载容器，建立至少是部分成形的庇护所与防风墙，或者制作其他各种可能的、我们想象得到但我们没有证据的东西。而这些工具一旦存在，其用途只会受制于其拥有者的创造力、智慧和想象力。

在东非奥杜威峡谷（Olduvai Gorge）发现：在150万年前，制作技术的复杂性和石器的种类发生了显著的变化。（Leaky，1958）由于这些工具的风格变化比较小，且不同风格的重要性也没有太大差别，考古学家为其贴上“阿舍利文化”（Acheulian）[1] 的标签。在之后的数百万年里，凡是出现人类遗迹的地方，都会出现这种工具。它们代表着流行的、典型的石器。直到20万～30万年前，它们也几乎没有发生什么变化或改进。这是一个漫长的技术稳定期，令人十分惊讶。如果可以称之为呼声的话，则这一稳定性呼吁着解释和理解。为什么这个稳定期如此漫长？这之后发生了什么，终结了这个漫长的稳定期？当然，首先要考察的是，在这个时期，在生物和技术上，有什么事情正在发生，又有什么事情没有发生。而正如我们将看到的那样，事实上，许多事情都在发生着变化。

首先，在这一整个时期，与人类在生理上有相同特征的物种， 19
都没有持续或者存活下来。在150万年前，地球上也居住着人类的

① 译者注：即非洲、西欧、西亚和印度的旧石器时代早期文化，因其最早发现于法国亚眠市郊的圣阿舍利而得名。已知最早的阿舍利文化遗存在非洲，距今约150万年。

其他物种。其中一个物种的脑容量更大，有 600～750 立方厘米。以现在的眼光往回看的话，我们自然倾向于认为，这个脑容量更大的物种在人类的进化过程中更为重要，并且这个物种也确实是考古学家第一个称之为“人”的物种。不管实际通往现代人的进化路线究竟是什么，非常清楚的一点是，这种进化发生着非常明显的生物变化。大约在 100 万年前，之前所有的人类物种都消失殆尽，并由一种被称为“直立人”的物种取代。“直立人”的脑容量大约有 1000 立方厘米，而它的双手和现代人也更接近。

大脑的绝对容量并不能说明太多问题。因为有人已经发现了头盖骨，而且能够对脑容量进行精确到立方厘米的测量，所以这些数据得以被一再引用。但几乎没有留下任何组织神经，几乎没有留下任何化石痕迹［尽管霍洛威（Holloway，1974）一度尝试对其进行推论］。基本上每个人都假定，随着脑容量的变化，组织神经也会发生变化，大脑随之也变得更有效率。考虑到这一存在生理缺陷的物种，其生存与繁衍明显依赖于大脑，上述假定其实不无道理。

因此，在这一整个的进化发展过程中，石器的工艺几乎没有或者完全没有变化，这一事实才会如此令人惊讶。在没有深入了解各地发现的石器的情况下，要讨论与这个漫长时期的状态相关的信息，引述一些专家的话是比较可靠的。耶利内克（Jelinek）在回顾这个漫长的时期时，将这种状态概括如下：

> 在考古学中，技术证据给人印象最深的是其几乎难以想象的千篇一律。对此，最充分的例子可能是，在奥杜威峡谷的阿舍利时期，大约 100 万年间，没有看到任何重要的新发明。(Jelinek，1977：28)

奥杜威峡谷的遗址尤其具有启发性，是因为在其中发现的化石和手工制品，跨越的时间段大约为 180 万年前到 40 万年前。因此，它的时间序列往往非常清晰，一层之上的另一层必然是更近的年 20
代。而在一层又一层中所发现的工具，其风格、技术和种类，在很大程度上都一样。甚至有一些例子表明，大约从 150 万年前的某个时间点开始，早一时期的工具比晚一时期的工具制作得更精巧。尽管小的创新不时出现，但它们并没有累积成大的创新。总之，耶利内克用“千篇一律”这个词是恰当的。

这种现象当然不仅局限于奥杜威峡谷，相反，这种现象是普遍的，并且在过去持续了很长时间，但奥杜威峡谷是最好的例子。讨论到稍微近一些的时代，巴策说：

> 总的来说，和任何距今 50 万年到 100 万年的工具比，距今 20 万年到 50 万年的阿舍利工艺（Acheulian industry）可能包含一些更精细的成品。事实上，在任何一个地区，在一些跨越了几十万年的遗址中，其加工技术上，往往不会表现出一种退化，而会表现出一种改进。（Butzer，1977：579）

显然，对于为什么会有这么漫长的技术停滞期，有这样令人感兴趣的问题：我们该如何解释它？这对人类动物来说意味着什么？巴策对此提出了一种尝试性的回答：

> 对此最好的解释可能是小规模（20～50 人？）的群落。这种群落在空间上的分布范围很广，且每个群落中，只有一个或两个称职的石匠。而在一整代人的时间里，每个群落可能都不会与另一个群落相遇。因此，如果最好的石匠在一次狩猎意外

> 中过早死亡，那么石器打制技术将在几代或更多代人中逐渐失传。(Butzer，1977：579)

但是这个回答一点也不能令人满意。首先，我们不要忘记，在150万年前左右，有一项引人注目且意义重大的技术创新，在当时的人类中广为传播。温使得这个创新的本质与重要性变得非常清楚。为了制作更古老的（150万～200万年前的）工具，石匠们在一定程度上需要通过试错来实现。用这一技术制作锐边的关键在于
21 成对剥落石片。“即使制作由10个或11个剥片组成的砍刀也可以通过剥落每片与先前相关的石片而简单地获得。”（Wynn，1979：388－389）

但是，后期的阿舍利工具为图案整齐且对称的两面器[①]，所以不可能通过那么简单的方式获得。石匠对最终要获得的结果必须有一个先验的图样，而且剥落每片石片的过程都参照这个先验且全面的图样。就像我们之前所说的那样，这个伟大的创新广为传播。而且也没人会同意，在150万年前，人类群落在或大或小的空间里广泛分布着。所以我们不能接受由巴策归纳的解释类型。

耶利内克提出了一种十分不同的解释：“模式的充分和创新的缺乏表明，制作工具可能成为模仿行为的复杂形式产物……并且在和制作工具相关的学习过程中，语言指导发挥着微乎其微的作用。”(Jelinek，1977：15)

假如耶利内克所提到的见解是正确的，那么这个见解将十分重要。当时的语言发展水平可能不足以讨论比阿舍利文化所代表的更

① 译者注：即两面加工的一种石块，为手斧的雏形。

复杂的技术。如果是这样的话，将这项创新代代相传，或将其从一个群落传播到另一个群落，都会十分困难。相对贫乏的语言所造成的局限可能影响更加深远。试想一下，假如拥有新工具或新技术想法的人找不到实践其想法的方式，这个时候，如果有丰富的语言，那么这个想法本身可以在几代人间传播，最终可能产生实践这种想法的方式；而如果语言不足以交流这个想法本身，那么这个创新将永无可能成为现实。

人类的语言——它是如何出现、如何发展的，以及它在人类不同发展阶段的发展水平如何——至今仍是我们只能推测而无法确证的议题。诚然，耶利内克的假说不无道理，语言随后在传播与积累知识和技术上发挥了巨大的作用。语言发展的不确定水平，可能是石器技术长期停滞不前的原因。

然而，到目前为止，对于这个漫长的时期中的人类活动，我们所表现出的看法仍十分狭隘，狭隘到近乎扭曲。石制品在考古记录中占据了主要地位，因此它们也势必主导我们对早期人类的看法。22
为了在更广泛的意义上理解这些人类，我们必须意识到，在其他技术上，其实根本没有漫长的、为石器所限制的停滞期。相反，它们沿着各种其他路线蓬勃发展了。

大约在 100 万年前，当直立人成为现存的人类时，发生了一个不寻常的现象，这个现象在动物界是独一无二的。人们开始离开他们天然的栖息地并在截然不同的生态条件下得以成功定居。他们的化石和石器所能追溯到的时期，与在爪哇、北非和西南亚部分地区出现人类的时间一致。他们的足迹甚至远到法国南部。在瓦奎内洞穴中所发现的典型阿舍利石制砍刀，可以追溯到 80 万～90 万年前。

（de Lumley，1975）大约到 50 万年前，人类已经遍布非洲、亚洲和欧洲，甚至居住在纬度足够高的北方，这表明他们能够成功地应对寒冷的气候。

在技术进步完全停滞的情况下，是不可能实现成功定居的。既然人们缓慢地、逐渐地迁入了有着不同温度、不同降雨类型、不同动植物物种和不同地形的地区，他们必然已经找到了有效的途径来应对和开发这些新地区的环境。

被称为直立人的人类在地球上存在了 70 万～80 万年，直到 10 万～20 万年前才消失。这对一个复杂物种的存活来说，是很漫长的一段时间。他们显然是非常成功的动物。大部分代表着全新想法的新发明都产生于这个时期。伴随并推动着他们从天然家园的逐渐离去，他们找到了控制环境的途径，产生了一个人工的、人造的世界，一个人类智慧的重要新方向。大约 50 万年前（也许更早），关于人类如何与环境互动的新观念出现了，并被传播和扩散开来。他们并不局限于寻找途径去应对和开发他们所居住的世界，他们也可以寻找途径去控制和改变他们所处的环境。换言之，这种动物意识到他不需要总是适应现存的环境，他可以改变那些环境，使得那些环境能更适合他。

在很长一段时间内，人类已经发现或发明了许多更有效地开发
23 环境的方式。许多人（例如，Binford，1968）解释道：动物骨化石证据表明非常早期的人类更多地通过食用腐肉而非狩猎的方式获得肉类。但是，这里有一个很小的问题，到 50 万年前，人类已是娴熟的猎人了，他们可以杀死和诱捕大大小小的猎物。虽然几乎不存在这么久之前的植物食物化石，但我们仍可以合理想象，他们能够

增加植物食物的种类，并提高采集这些食物的效率。他们可能有多种手段来制造承载物体的容器。他们无疑也已经发明了兽皮的各种用法。但对于他们如何使用木头，他们在锐边石器的帮助下用木头制作了什么物体，我们一无所知。然而，我们必须认定他们的确会使用木头，毕竟我们所谈论的是一个高度成熟的、非常有智慧的物种。

但是，开发环境与控制或者改变环境，有着本质的区别。让我们以火为例说明这种区别的本质。所有动物都遭遇和体验过火灾的后果。火灾在各种情况下自然地发生，而且其后果往往令人恐惧且具有灾难性。对于火灾，大约所有的动物能做的都是尽可能快地从火灾中逃开，如果顺利的话，逃到火焰所不能到达的地方。它们可能很难发现并认识到，火无法侵入岩石区、不毛之地和大面积的水域。下雨可能教会它们一些有关用水灭火的效果的知识。可以确定的是，人类找到了很多途径，这些途径或多或少地保护他们自身免受这些自然灾害的影响。

但是人类能做的不止这些。也许是在火熄灭的时候，有人产生了一个想法：如果他们能控制火，他们将可以利用它的热量，发挥它的优势；如果他们可以保存并控制火，他们可以完成一件了不起的事情——改变局部气候；当气候普遍寒冷时，他们可以使局部变得暖和。

这个或多或少定义明确的观念在人类可以成功地控制火之前就存在了。试想一下，为了控制火这一危险的事物，必须做大量的近
距离的观察与探索；而早期的用火尝试可能带来巨大的灾难。这些 24
先在的构想与信念，使得他们坚持不懈，并最终成功了。一旦人类

有效地保存并控制了火，他们就拥有了一个强大的新工具，这个新工具可以用于控制（而不仅仅是用于开发）其所处环境的方方面面。

所有这些都发生在很久以前。中国北部的周口店（Choukutien），存在着广泛用火的清晰证据。据推测，他们使用火是为了在异常寒冷的气候下取暖。这一证据可以追溯到50万年前到40万年前。泰拉阿玛塔（Terra Amata）遗址，位于法国地中海海岸的一座现代城市即现在的尼斯。这个遗址可以追溯到40万年前到30万年前，那里有几灶由人类用火的灰烬构成的化石。他们甚至知道在炉灶的东北边，即盛行风的方向上，建一堵石块或卵石小墙，以保护这些炉灶免受风的影响。（de Lumley，1975）诚然，这两处并不是仅有的存在用火证据的地方。在那之后，还有更多的这样的地方。显而易见，并不是所有技术发展都停滞了，新发现和新观念持续获得交流并广为传播。

在遥远的过去，火并不是人类可以控制环境的唯一方式。风太大的时候，他们想出办法使风局部变小；下雨的时候，他们想出办法使地面局部变干。他们的办法是，建造有顶的庇护所。一个最好的例子是，泰拉阿玛塔的桩洞表明存在一个相当大的椭圆形结构。而桩洞的角度则表明这些置于地面的洞都向中心倾斜。盖在这些框架上的树枝和兽皮，可以提供免受恶劣条件影响的临时庇护所。

有人可能会想抗议，为什么称其为控制环境？为什么庇护所的建造不仅仅表明人类在环境中保护自己？然而，利用天然的庇护所，与自己在任何地方或任何时间选择建造的人工庇护所是不一样的。在后一种情况中，人类通过建造手段，创造了一个天然不存在的庇护所，并通过建造，改变了环境。凭借改变局部世界的能力，人类可以居住在没有天然庇护所的地方。因为他们所到之处，都将 25
出现他们所能建造的可能的庇护所。

那时的人类开始发展出广泛的技术。当时的发明一定比我们所知的甚至是所能猜想到的更多，因为我们的猜想势必受那些延续到后期的实践知识的局限。但是，直立人将技术推进到哪种具体形态，其重要性远远比不上最初的创新之举。伴随着人类重新定义了自己和环境可能的关系，人类离开了其天然的栖息地。这个事件的重要性，与工具的首次制作完全一样。它也是一个累积事件。如果没有工具和其他发现与发明，这种离开将无法成为可能。人类所发明的技术，使得人类可以居住在任何他们选择居住的地方。

当然，换一种方式说，如果没有技术，人类将无法在他们天然的栖息地之外存活。并且，自此以后，为了存活，人类将变得越来越依赖技术。人类，无可挽回地与技术联结在一起，不再拥有天然的栖息地。事实上，假如把天然的栖息地这个概念用到现代人身上，将显得十分荒唐。

这一已经开始的过程是不可逆转的。能够发明日趋强大的技术，这是唯一一个极大地影响了人类生存能力的生物学变化，也是持续与人类的创造力、智慧和创新能力密切相关的变化。这些变化可以产生更强大的技术。人类的进化历程越来越多地由他们自己来决定；人类的行动已经指定了哪些生物变化是重要的，哪些生物变化是不重要的。

第三章
我们的直系祖先

27 在100万年前，直立人（Homo erectus）作为一种非常成功的人种，消失了。一个新的物种遍布于当时的有人居住的世界。长期以来，它们被称为尼安德特人（Neanderthal）。与考古学以首次发现地命名的既定惯例相一致，在这个情况中，尼安德特人于当今德国境内的尼安德河谷中为考古学家所发现。从直立人到尼安德特人的转变并不是突如其来的，我们不能把它想象成迅速的迁徙、入侵或灭绝。它是一个非常缓慢的转变，持续了20万年的时间，或者换句话说，经历了大约一万代人。在亚洲西部、欧洲东南部和非洲也发现了过渡的人类头盖骨化石。

许多年来，尼安德特人的名声非常不好，他们给公众的印象也很糟糕。这个词不大写时，表示极为过时、极为粗鲁和极为野蛮的意思。这种错误起源于最初在19世纪发现这个物种时人们对它的描述与推断。当时的人们渴望把现代人捧上与众不同的神坛，因此认为，尼安德特人极为原始且依靠蛮力，而其突出的眉骨则显然象征着动物的野蛮。

直到最近二十年，尼安德特人是非常先进的人种这个事实才日渐显露。人们越来越清楚，尼安德特人的能力与现代人的能力相对接近。较新的术语则称尼安德特人为“智人尼安德特人”（Homo sapiens neanderthalensis）。但是，挣开考古学命名传统的束缚，我们将舍弃这个短语的最后一个单词，仅仅称这些人类为“智人”（Homo sapiens）。众所周知，他们在世界各地有巨大的形态多样性。在非洲与亚洲西部发现的智人头盖骨，与在欧洲西部发现的智人头盖骨，有完全不同的头骨特征。

智人的脑容量和我们现代人的脑容量一样大，或者稍大一些。骨头化石的大小和厚度以及肌肉肌腱的嵌入证据，都清楚地表明现代智人比现代人更强壮，肌肉更发达。当然，正如我们之前说过的，脑容量并不是神经组织与神经功能的必要指标；同时，更大的 *28*
力量和重量也不是所有物种的明显优势，至少对人类来说无疑不是。所以，我们不能局限于智人的生理特征，而应着眼于他们的行为和成就证据，以及这些证据所显示的人类进化方向。但是，我们首先必须使自己适应一个新的时刻表，这个时刻表不仅涉及人类已经做了什么，而且涉及人类需要多长时间才能做到这个时刻表所显示的事情。我们刚开始谈论人类，是就 100 万年或 200 万年来谈的；随后，面对直立人，我们的时间刻度间隔开始缩小，我们所谈论的是几十万年。而现在，面对智人，我们的时间刻度间隔又有另一个量级的缩小，我们现在必须考虑的是几万年。这个物种存在的时间跨度非常短，大约只有 6 万年。在 3.5 万年前至 4 万年前之间，智人逐渐消失了。

在短短的 6 万年间，人类在发明技术、引进一些新的发明和开展一些过去从不存在的社会活动中，已经有明显的提高。这个清单虽然不是无穷无尽的，但也相当可观，毕竟从直立人到智人有非常大的生物跳跃。

至少有两个重要的技术变革是由智人引入石器中的。这些技术生产出更好的、更可靠的工具，也生产出不同形状的石器。其中之一是“软锤”的引入。制作锐边的石片时，与用另一块石头敲打燧石核相比，用鹿角或骨头甚至是木头当“锤子”敲打存在一些优势。如果能恰当地使用这种“锤子”，这种温和敲打石头的方式，能通过角度更尖锐的撞击，获得更长的石片。并且，在某种程度上，也可以更好地控制石片的产物。他们可以根据要制造的工具的用途、目的、性质和功能，应用不同的工艺。

另一个甚至更有趣的发明涉及燧石核的准备。为了确定要剥落的石片的形状和长度，他们会精心选定燧石核的形状，而不是直接从原始的燧石块敲打石片。使用这个技术，能够可靠且有效地制造又长又窄，或又宽又平，或铁饼状的石片。

29 由于暗含着智人的概念能力，燧石核的准备技术尤为有趣。应用这样一个技术（更不用说发明这个技术），不仅要对最终将获得的产物有一个明晰的、先验的印象，而且需要设想该如何准备原本不成形的燧石核，才能确保其形成最初想要的石片。依靠简单的观看和模仿去学习这样的技术，是极为不可能的。对于学习这个技术的人来说，他们必须在最初的时候明白最终的目的，甚至更进一步，他们必须理解燧石核的准备步骤和远未达成的最终目的之间的关系。这个技术在智人中的流传和使用，对于假定他们拥有更发达的想象力和可以交流复杂想法的语言，可能是最好的证据。

事实上，这可能意味着更多。即使他们具备交流复杂想法的能力，那些不懂技术的人该如何学习这些技术？除非我们想象得出，一大批不说话就干不了活的工匠整日不停地大声叨叨着自己正在做什么、为什么这么做，否则我们就必须推断出，复杂想法的交流实际上意味着主动的、有意的经验传授。指导别人的兴趣可能存在于先前的人种中，但这种兴趣在智人中可能更为明显。

正如戴维·普雷马克（David Premack）对我说的那样，非人灵长类动物并不参与经验传授（pedagogy），他们不会有意地指导其他动物。这是非常有意思的事情。在非灵长类动物的群落中，出现过创新与发明的例子，也出现过把这些创新传播给群落中的其他动物的例子，但这并不是经验传授的结果，而是观察与模仿的结果。例如，门泽尔（Menzel，1972）报告了某只大猩猩发现了如何用撑杆作跳高工具。通过观察，其他的猩猩也学会了这样做。并且，很快便没法继续把它们关在笼子里。但是，没有任何例子表明，一个动物会尝试着帮助另一个动物学习。

另一个例子是，川井（Kawai，1965）发现，在一个猴群中，出现了两项创新。其中一项相当不同寻常。由于实验的需要，实验者将麦粒撒在沙子上，作为猴子的食物。其中一只猴子发明了浮选的方法，把麦粒从沙子中分离出来，即将沙子与麦粒的混合物扔进
海里，使得沙子下沉，而麦粒则浮到海面上，然后便可以收集并吃 *30*
到没有沙子的麦子。其他一些猴子通过观察也学会了这样做。但是，同样，这个例子没有经验传授的证据。因此，显然只有人类是欲罢不能的经验传授者。而且，可以确定，这种特性在智人中有很强的代表性。

按照以其发现的第一个考古遗址来命名的惯例，这种与智人关

联的石器工艺被称为莫斯特文化[①]（Mousterian）。但是，所谓的莫斯特文化千差万别；造成这种差别的主要相关因素往往是技术的成熟水平。正如博尔德（Bordes，1968）所言，在各地的不同遗址中，“虽然各处的工具在原始击打痕迹上往往有许多共同点，但这些工具在具体的技术和类型层面可能达到早期还是晚期的水平，则取决于特定的地点”。

这些史前器物集中体现了智人的认知和交流能力。在某种程度上，鉴于我们已经确认语言限制至少是阻碍直立人进一步发展技术的主要因素之一，所以我们必须承认智人已经具有得以充分交流其想法、目的和意图的语言水平。莫斯特时期，风格迥异的工具也表明了智人并不满足于运用发明与创新，而且有足够的创造力去尝试新的风格，并找到最适合特定群体的风格。新技术像过去一样得到了广泛传播，但它们不再是简单的复制，而是适应于当地的偏好。实际上，智人远比直立人更有创造性和发明才能。

如果我们找不到其他表现智人的创造力和智力的证据，那才是出人意料的。事实上，这种证据确实大量存在。即便如此，在确证所有由这个新物种留下的创新和进步时，还是存在一些严重的困难。

例如，在智人时期（甚至大概可以追溯到更早的时期），有人发现一些出于各种目的加工木头与使用木头的例子。在萨克森，发现了一个尖端淬过火的木制尖矛，这个尖矛可以追溯到智人时期；在西班牙，发现了加工过的木头，这些木头显然被当成工具使用；

① 即欧洲、西亚、中亚和东北非的旧石器时代中期文化。该文化约始于 15 万年前，盛行于 8 万～3.5 万年前。与该文化共存的人类化石大多数是尼安德特人。

在罗德西亚北部，发现了在斜面上切了锐边的木头，这些木头可以追溯到6万或6万多年前；在英格兰克拉克顿，发现了一个被折断的尖头木矛；在罗德西亚北部，发现了大片的树皮，这片树皮的形 31
状和所处的环境都充分说明，它被当成一个容器或者一个承载工具。（Bordes，1968）

用树皮做工具，制作木制工具和木制长矛，尤其是发现火可以使木头尖端变硬，都是这一时期的主要发明。但是木头完全无法获得妥善保存。因此，发现可以追溯到智人时期的木制加工品，是非常罕见的。即使这些工具在当时大量存在，我们也几乎不能期望可以发现还保存着可以追溯到3万年前的木制工具。所以，尽管我们从出土文物中得知智人将木头用于各种目的，尽管我们推测，和直立人相比，智人对木头的使用可能更为广泛，其木制工具可能更精确，但我们对此并不确定。

至于其他发明，我们相对还是更幸运的。石制炉灶和灰烬确实相当完整地保存下来了。智人显然极大地提高了火的使用程度，而且也无疑增加了火的使用目的。除了前面提到的他们会将火用于使得木制尖端变硬之外，他们也会将火用于烹饪。后者显然是一种意义重大的发明，因为它意味着极大地增加了可食用食物的来源。热能的使用，将使得大量的动植物成为可食用的或者更容易食用的食物。

和直立人相比，智人显然也是更娴熟的猎人。他们成功地猎捕了每种动物：猛犸象、野熊、鹿、野牛、马、羚羊，无论什么动物。这一点所表现出来的重要潜在成就，很容易被低估。要成为一个非常出色的猎人，除了有充足的陷阱和狩猎武器，还需要有知识积累。为了诱捕和猎杀动物，必须了解它的习性和偏好、长处与弱点。这些知识持续不断地由智人积累，*并代代相传*[1]。

虽然证据不足，但仍可以十分有把握地推断，智人也是第一个征服水的物种。这在当时的重要性无疑是不可思议的。在超过300万年的时间里，水对人类来说既是一种危险，也是一种障碍。这种危险与障碍限制并约束了他们的活动：他们既无法从湖泊或既深又宽的河流中涉水而过，也不敢冒险在海岸之外的水域中活动。但最
32 终，我们知道，水在后来变成了一种财富。它从行动的障碍物变成行动的推动者，千百年来，水上运输比陆上运输容易得多。并且，水被征服之后，也为人类提供了大量的食物资源，而这些食物之前是无法食用的。

征服水必然是一个伟大的智力成就，它需要许许多多代人的努力才能达成。毫无疑问，即使是最早的人类，也可以经常观察到一些漂浮在水面上的物体，包括木块、树叶，甚至各种各样的动物，比如鸭子。但是这种观察对于征服水而言，与通过观察鸟类飞行而征服天空一样，不起任何作用。最初的想法必须包含的一点是：漂浮的物体可以通过自身的下沉来承载另一个物体。但即使这样也远远不够。在中美洲的印第安人中有大量的这种例子，比如他们知道轮子，把轮子装在玩具上，但他们从来没有意识到它可能的实用价值。有人发现，一根浮在水面上的树干，可以承载一个人。并且，更进一步，他们发现可以使得人和树干一起在水面上移动，并控制其移动的方向和速度。在此之后，他们便有可能着手于建造更牢固

① 译者注：斜体字为原书斜体，以示强调。以下不一一说明。

的木筏。

表明智人的技术已经达到了这一水平的证据是什么？有一个证据来自一组石器风格的比较。北非的石器工艺与西亚的石器工艺，有明显的风格差异。法国、意大利和欧洲东南部的风格和西亚的风格相关。而西班牙的阿舍利晚期和莫斯特早期的工艺风格则明显更接近北非的风格。(Bordes，1968；Freeman，1975)

这样的话，智人应该不会通过博斯普鲁斯海峡去伊比利亚半岛，而是直接从非洲穿过现在的直布罗陀海峡。假如那时候他们确实横跨了直布罗陀海峡，那么里斯冰期（Riis gliciation）（最后一个冰河期之前的那个冰期）的水位高度将低很多。但当时显然不存在一个干燥的陆桥，因此，他们需要穿过一个相当大的水域。(Freeman，1975）我不想基于这个证据就认为，智人在征服水的路途上已经走了很远。不过我确实觉得他们可能正在征服水的途中。有人认为，在澳大利亚因为出现人类而留下的最早器物应该追溯到 33
6 万年前至 5 万年前。如果这个看法没错的话，这可能说明智人的一些群落制造了木筏，并且至少是不经意地在海上行驶了非常远的距离。但目前来说，这种说法还不确定。

他们在征服水的过程中所获得的进步，另一个可能的线索是，发现了食用海洋食物的证据。虽然食用海洋食物在很后期才变得广泛，但还是有一些明显可以追溯到智人时期的偶然发现。克莱因在克莱西斯（Klasies）河口的洞穴中发现了贝类遗骸，“目前为止，这些贝类遗骸可以追溯到 10 万年前以内，它们构成了定期开采海洋资源的最古老证据……虽然克莱西斯人的技术能力可能还没有到可以运用渔具的水平”（Klein，1975：240）。温道夫和希尔德

（Wendorf and Schild，1980）在埃及西部沙漠的遗址中所发现的鱼骨化石，清晰地表明了广泛的捕鱼术可以追溯到大约 4 万年前。此外，他们也讨论了在格鲁吉亚库达罗洞穴（Kudaro cave）中出现的鱼骨化石。可能最有利的证明来自西班牙的考古遗址，在这些遗址中发现了牡蛎壳和马蹄螺，它们明显与智人有关。这些证据高度表明，这些遗址的位置十分适中，可以来去自如地靠近大海和高山。再次，我认为，这些证据也意味着智人已经开始征服水的缓慢进程。

比技术的发展更重要的可能是生活方式的变化和智人信仰体系的出现，这些生活方式和信仰体系明显和现代人具有连续性。就像我们知道的那样，人类经常生活在小规模的群落中，以猎捕动物和采集植物获得食物。他们是一种流动的存在。假如由于消耗或季节变化的原因，在他们营地合理距离范围内的食物资源减少，他们将搬到一个食物更丰富的地方，并建立新的营地。除了食物资源之外，另一影响扎营的主要条件是，有适度可用的淡水。无法确知他们在一年之内多久搬迁一次。不过，这无疑取决于食物资源的富饶程度和群落的规模。与较小群落相比，较大群落将更快耗尽一个地区的食物。因为一些规模较小的遗址，看起来被占据的时间相对比
34 较短；而那些规模较大的遗址，则显然被反复地占据，这可能是因为这些人类群落会季节性地回到一个大本营中。

有证据表明，智人起码偶尔会偏离这种模式。基于年代久远的行为模式做出的推论，需要进行一定的解释。和人类不一样，大部分的动物，仅在一年之中相当有限的时间内（一个月或两个月内）便能孕育下一代。如果一个动物，比方说，在它生命的第一年便被

杀了，我们仍有可能基于它的牙齿和一些骨头的发展阶段确定这个动物被杀的年龄。因此，如果知道动物的年龄，我们也就能知道这个动物夭折的大致时间。

对此，博尔德和索纳维尔-博尔德（Sonneville - Bordes）谈论了明显由智人占据的遗址：在法国西南部，“对驯鹿的牙齿和鹿角的研究表明，在大多数情况下，这些动物在一年之中的所有时间都可能被杀，因此它们的庇护所在全年之中至少会被部分部落占领。但这不排除狩猎探险或临时营地的可能性”（Bordes and Sonneville-Bordes，1970：65）。的确，这些专家认为，至少在那个地区，“在相当长的时间间隙里，半定居人口会从一个住所搬到另一个给定的领地，并且，也可能罕见地变更他们的领地”（Bordes and Sonneville-Bordes，1970：72－73）。

称这些群体为“半定居”而不是“季节性流动”，大概可以更准确地反映智人生活方式的变化。显然，这些人可以发挥他们更出色的狩猎能力，可以用火烹饪，并且可能用其他手段去开发他们的环境，以降低他们从一个营地搬到另一个营地的频率，换言之，是为了建立部分永久性。除了他们能够这样做的事实，我们还必须强调他们选择这样做的事实。

这是智人的另一个重要特性，这个特性可能是人类独有的，并首次在智人身上出现。对于这个物种的审美意识，有人发现了广泛的、不可否认的证据。也有人认为，远在智人之前，就有审美表达的证据，但这个观点是建立在解释某类石器的非实用性的基础上的。这种解释可能是正确的，也可能是不正确的。远在智人登上历史舞台之前，人类已经开始制作左右严格对称且形状规则的工具。 35

大多数专家认为，这种精心的造型和对称性，从工具对象的有用性和效率上来说，几乎没有意义。因此，正如博尔德所认为的，“我们也许应该从中看到审美表达的最初尝试”（Bordes，1968：137）。这些对称的工具无疑更能取悦今人的“眼睛”，但以此往前去理解100万年前的人类的“眼睛”，是有问题的。对于这些形状，他们可能看到一些我们想象不到的用途。因此，这种证据必然仍具有参考性。

当发现他们会使用明显具有装饰用途的染色材料与工艺时，审美重要性的更直接证据便出现了。在智人之前，并没有使用装饰物的例子，而早期以颜色做装饰的可能性也十分可疑。雷舒纳（Wreschner，1980）详尽地搜集了相关的证据，并引用了三个在与直立人相关的层或出土物中发现红色染剂的例子，一个在奥杜威（Leakey，1958），一个在安布罗纳（Ambrona）（Howell，1966），而另一个则在特拉阿玛塔（de Lumley and Boone，1976）。

但是，巴策对这些早期发现的审美或者社会文化的解释表示异议。除了每个案例中的具体问题之外，他还提出了一般的观点，认为火的使用，常常会留下意想不到的红色剂，而“一些门外汉常常把裸露的沉积物当成赭石粉末”（Butzer，1980：635）。

虽然我们注意到了这些既有的争论，但我们不再对其进行讨论。可能智人展开了各种令人愉悦的审美活动，并进一步发展了这种审美活动，也可能他们最先具有明显成熟的审美意识。无论哪个可能是真的，非常清楚的是，在5万年前到4万年前，把颜色（主要是红色和黑色）用于装饰，是时常发生的事情。在这个时期的许多遗址中，我们可以发现大量的红色或黑色物体的碎片，我们甚至偶尔能发现用来将着色物碾成粉末的工具。（Bordes，1968：145－146）达尔特和博蒙特（Dart and Beaumont，1971）甚至在南非发现了可以追溯到 4.2 万年前的赭石开采遗址。

与染色材料的出现相比，发现有意制造的装饰物这个证据可能更为可信。但这些发现物并不常见，事实上，在智人生活的时期，它们极为罕见。不过它们确实存在且来自不同的地点。在靠近布达佩斯的塔塔（Tata），有一个可以追溯到 5 万年前的遗址。在这里，36
发现了一个由货币虫[1]做成的护身符，上面刻着两条交叉的线。（Bordes，1968：110）在这个遗址中，还发现了一个由猛犸象的一颗臼齿做成的椭圆形徽章，这个徽章被仔细地磨圆、抛光，并显示出曾经被染成红色的迹象。（Marshack，1976）

马斯哈克（Marshack，1976）也描述了两个来自法国肯纳的装饰性坠饰。其中一个由驯鹿的趾骨制成，另一个则由狐狸的犬齿制成。它们都钻有用来悬挂的小孔。马斯哈克还努力地寻找并描述许多有意刻着平行线、“之”字线或其他形状的智人时期的出土物。虽然他希望将这些出土物解读为某种程度上的计数符号，但它们也可能仅仅用于装饰。

动物的审美意识进化是一个奇怪的现象。进化往往被认为是一个完全由适应性和生存优势控制的过程。如果一个遗传变化的发生没有提供这样一种优势，那么它将难以延续。毫无疑问，一些聪明人也能提出审美意识有生存优势，但很难想象审美意识的生存优势具体是什么。比较容易理解的是，一种非常复杂的动物可能有一些

① 译者注：古无脊椎动物。壳为石灰质，状如钱币，具有多室。生存于早第三纪，在始新世特别繁盛。

遗传变化，这些变化产生了一些截然不同的有利于生存的生物学优势，但是作为一种无关的副产品，也可能伴随着其他与生存无关的特征。即使这些特征可能没什么优势，它们也可能单独存在。人类审美意识的出现，可能和想象力与创造力的增长变化相关，可能和整个复杂的生命也分不开。

智人最后一个行为创新，一项最令人好奇的新实践，即智人有时会有意地埋葬死掉的人，仍有待讨论。在这个物种存在之前，这种做法大概不为人所知。对于 8 万多年前的土葬，甚至没有发现任何参考性的证据。

最初，是什么引起了这样一个奇怪的想法？他们为什么自找麻烦，挖一个足够大的洞，把尸体放入其中，再覆盖它？是什么有力地驱动并延续了这样一种做法？由于我们不知道（并且将来也不会知道）智人到底发生了什么心理活动，因而我们很难回答这样的问
37 题。但是，我们可以收集一些存在于这个时期的与土葬相关的事实。

不是每个人都会被埋葬，事实上，埋葬很有可能是一个偶然事件。根据菲利普斯（Phillips，1980）的研究，在欧洲和近东地区，在和智人有关的遗址中，已知有接近 200 个被埋葬的个体。而哈罗德（Harrold，1980）则只发现了 36 例明显的土葬，并且在这 36 例中，有 22 例来自四个地点：法国的勒费拉西（Le Ferrassie）、伊拉克的沙尼达尔（Sharnidar）和以色列的斯尔虎（Skhul）和卡夫泽（Qafzeh）。在许许多多的遗址中，并没有发现土葬。虽然哈罗德坚持一些例子能归为土葬的清晰证据，但他也舍弃了很多例子。发现土葬的概率显然是很小的。只有更好地保护所埋葬的尸骨，避

免食腐动物的食腐和气候的腐蚀，它们才更有可能在这些年中维持下来。这样一来，土葬的比例确实可能很小。

不同的土葬形式有很大的变异。至少有一例是有意把头砍掉；一些尸体以伸展的姿势下葬，而有一些则是紧紧蜷曲的，这表明他们在被埋葬之前可能被捆绑过，另一些则是中等蜷曲的。简言之，发现过各种各样的埋葬方式。还有一些尸体和手工艺品比如石器一起下葬，而另一些则没有。哈罗德（Harrold，1980）在他的 36 个案例中发现的唯一的一致性是：在男性墓穴中明显更可能有“陪葬品”，而在女性墓穴中则没有。

这是我们所知道的全部。不用说，已经有许多文章谈及或写到过与土葬有关的活动。诸如“死亡崇拜”的短语也很常见。但是，这样一个短语，除了能说明土葬的事实，并不能说明其他任何事实，尽管它意味着一些招魂的巫术。一些人（例如 Maringer，1960）认为，土葬，尤其是当它涉及姿势严重弯曲的尸骨时，或者当被掩埋的尸体上覆盖着沉重的石头时，象征着一种防止死者复活的尝试。另一些人（例如 James，1957：22 - 23）则常将“陪葬品”的存在用来说明一种相信死者继续存在的信仰，这种信仰认为死者需要工具，并关心死者的幸福。

这些说法没有一个是我们确知的事实，它们全都是猜测。我并不反对猜测，即使这些猜测是基于（至少是部分地基于）业已存在的零星资料，它们也是可取的；然而，对土葬事件意义的大部分猜 38
测不是源于过去的资料，而是源于存在于当前各种群体之中的和死亡有关的信仰体系的知识。这是把当前死亡的信仰和实践在时间上向前推测。这些信仰和实践往往是在西方社会或在现代社会中更简单的、“原始的”群体中发现的。而这些在复杂或者简单社会中发现的现代信仰，已经至少经历了5万年的尝试、变化和变更。这种在时间上完全根据信仰自身向前推测的做法，是不太可能成功的。

现在，我们暂且把这个问题留作一个未解之谜。我们将在下一章回到这个问题上来，并且，我们也将面对存在更多相关证据的时期。在那些时期，土葬不仅得到延续，而且变得非常广泛。同时，更令人感兴趣的是，随着地点的变化，土葬发生了更大的变异。在这之后没几千年，土葬与宗教活动便产生了明显的关联。而这种关联对于智人来说，可能是存在的，也可能是不存在的。

智人，作为一个物种，在3.5万～4万年前消失了。关于智人和代替他们的新物种之间的进化连续性，在文献中有许多不清楚和有争议的观点。但是从这一章来看，他们之间存在文化连续性显然是没有任何疑问的。这种新生物物种即为现代人，也即存在于今天的人类。在此，我们将邂逅一个罕见但引人注目的例子，人类的想象力和创造力在它面前也显得捉襟见肘：这些现代人的官方称谓为“现代的现代人”①。这可能是一种危险的趋势。例如，在科学文献中，有一种动物物种的官方称谓为“大猩猩的大猩猩的大猩猩”②。幸运的是，我并不受官方术语的约束，而仅将这种当前仍存在的人类物种称为“现代人”。

---

① 译者注：即晚期智人，原文为“Homo sapiens sapiens”，为了体现作者所提及“人类的想象力和创造力在它面前也显得捉襟见肘”，文中对其进行了逐词直译。

② 译者注：即西非低地大猩猩，“Gorilla gorilla gorilla”，译法同上。

第四章 向现代人转变

幸运的是，我们很快便了解到更多智人为现今犹存的人类新物 39
种所取代的信息。尽管由直立人向智人的转变经过了 20 万年，但大部分专家认为从智人到晚期智人（即现代人）的转变，仅仅跨越了 5000 年。

5000 年，是一段很短的时间。这给关心现代人的生物进化的人带来了一个问题；5000 年的时间是远远不够长的，仅经过了 250 代左右，这个数目小得有点荒谬。因此，直到最近，仍有一种极具诱惑力的观念，认为现代人在一些遥远、未知的地方演化，随后迁入、入侵智人的栖息地，并消灭了这个物种。

但我们必须舍弃这种想法，因为缺乏资料支持。无论在哪儿都没有任何证据表明智人种群或大规模的智人遭遇了暴力终结。固然，正如特林考斯（Trinkaus，1978）所指出的，许多智人化石的确表现出受损的迹象，但非常清楚的是，这些损伤是生前遇到意外造成的，或者更多情况下是死后骨骸遭到破坏造成的。

理解智人向现代转变所存在的主要问题源于最初对智人的描述。尼安德特人，正如他们被命名的那样，作为一个指称的物种而广为人知。如我们所见，他们被描述为十分没有头脑且非常野蛮的大块头，这和发现他们的化石的聪敏睿智的现代人类完全不同。这样的形象，很难让人相信他们可能是现代人的直系先辈，相反，他们不可避免地被看成是人类进化过程中偶然的旁道支流。然而，事实上，从技术上来说，智人和早期现代人相差不远，甚至在一些地区，智人和早期现代人的头骨形状也没有多大不同。西亚地区（而
40 不是欧洲）为智人不同群落之间所表现出来的体质多样性描绘了一幅更完整的图景，并且这也可能使得由智人向现代人的转变看起来没那么神秘。

从外形层面与特征上看，在西亚地区发现的头骨和骨架，和西欧地区的智人很接近。这些例子有：扎格罗斯的沙尼达尔洞穴的头盖骨，它们可以追溯到4.5万年前；在卡梅尔山脉的塔本（Tabun）洞穴出土的头盖骨，它们有5万～6万年的历史。存在这种相似性并不意外，毕竟人类群落一度广泛地扩散。但是直到最近之前，我们都没有充分注意到，来自同一地区同一时期的人类头骨化石，和西欧智人并不完全一样。

在斯尔虎地区和卡梅尔地区，发现了一些可以追溯到5万年前至4.5万年前的头盖骨。（Howells，1975）其中一个头盖骨被称为斯尔虎4号（Skhul IV），从不同的头骨尺寸上看，其大小似乎在西欧智人和现代人中间。而斯尔虎5号（Skhul V）甚至和许多早期现代人的头骨化石更接近，接近到几乎难以从中区分出来。

令人印象更深的是在拿撒勒附近的加利利的卡夫泽洞穴中的发现。（Vandermeersch，1978）在这里，发现了六个成年人和十个儿童的遗骸。这些遗骸可以追溯到我们所关注的时期。我们对两具保

存得最好的遗骸和大部分的头盖骨进行了详细分析。这些头骨中，为我们所知的，卡夫泽 9 号（Qafzeh IX）和卡夫泽 6 号（Qafzeh VI）与现代人的头盖骨没有区别。对于卡夫泽遗骸的确切年代，存在许多争论。基于微体脊椎动物化石和年代更有把握的遗骸之间的相似性，并结合影响黎凡特（Levant）中部整个钙质化石带的事件所带来的地质相似性，巴尔-约瑟夫和范德尔梅尔契（Bar-Yosef and Vandermeersch，1981）倾向于将卡夫泽遗址追溯到 8 万年前（这其实非常早）。另一些人不同意这种观点，他们引用氨基酸测定年代法，认为其中一些人骨应该在 4.5 万年前到 4 万年前之间，尽管人们普遍认为这种年代测定并不十分可靠。耶利内克（私下交流）也认为，基于对石器特征的巧妙分析，将会发现卡夫泽的真实年代大约在 4 万年前。那么，从智人向现代人的转变可能发生在 4 万年左右的一段时间内，而不是只有 5000 年。

无论这些问题的答案最后会是什么，关于这个转变，必须阐明 41
的另一个观点是：在智人和晚期智人之间存在着非常明显的文化连续性。它们的生活方式并没有发生骤变，智人的发明也得以延续并获得发展，并且也当然有一些新的发明。许多人喜欢把现代人的出现看成是技术、社会和文化迸发式发展的开端。但如果我们认真审视已知的证据，便会清楚，这根本不是事实。现代人的发展图景首先是旧有实践的延续；虽然确实也发生了变化，但其变化十分缓慢。也许，一些变化在时间跨度上得以缩减，一些事件的发生速度得以加快，但并没有快到能够让人轻易觉察的程度。相对来说，在 4 万年前到 2 万年前期间，几乎没有让人眼前一亮的事情。

石器加工的主要技术仍然相同；尽管也出现了不同的风格，但这并不必然代表着工具越来越好。大约 3 万年前，在欧洲（Phillips，1980：72；Klein，1973）和西亚地区（Bar-Yosef，1980：117）的确都出现了骨制品，但它们非常罕见。骨器的数量和种类缓慢地在增长，但是直到 1.5 万年以前，骨器才真正成为人类工具的一个重要组成部分。

有证据表明，早在 3 万年前到 2 万年前，中等距离的贸易可能已经开始发展。在离海很远的许多遗址中发现了海贝（例如，Hahn，1972），当地所没有的且种类各异的燧石也不时且少量地存在着（例如，Kozlowski，1972—1973），这表明进口物有时来自远及 400 公里之外的地方。但这些例子并不能确切地证明这些贸易具有组织性。这些进口交易可能出现在季节性的群体迁徙中：这个距离的流动并不罕见。毕竟，毫不费力地徒步一个星期，就能轻松地走完 250 公里。但是贸易和物物交换的开始，至少是一种貌似可行的解释，而且随着新千年期的展开，与贸易相关的证据也越来越多地浮出了水面。

很有意义的一个证据是，在 2.5 万年前到 2 万年前，开始出现一些有意保持耐久性的建筑物。诚然，临时的建造物已经存在了很
42 久，但现在，我们目睹了一个全新的建筑概念孕育的开端。巴辛斯基（Bosinski，1969；引自 Phillips，1980）在莱茵河附近发现了一个遗址。在这个遗址中，有两个帐篷，它们都是临时的建筑物。但在帐篷之间，有一条由石头铺成的三米长的小路。科兹洛斯基和库比亚克（Kozlowski and Kubiak，1972）发现了三个代表着保持耐久性尝试的建筑物遗迹。它们几乎完全由猛犸象的骨头建成。这个建筑物不像以往一样建在桩洞之上，而是建在由其他猛犸象骨头建

成的坚固的地基上。这一早期趋势最具参考性的是菲利普斯的报告(Phillips，1980：95)，他在德国南部的营地中发现了一面将近一米高的石墙。这种例子并不常见，但这一开端是存在的。

但这种持续性的图景与这种缓慢、渐进的发展，并不适用于人类行为的每个面向。正如前一章中所展现的，有证据表明智人会将颜色用于装饰并且制作了一些装饰物，而随着现代人的出现，这种活动引人注目地大量激增。几乎在所有地方都骤然出现了大量的护身符、坠饰、耳环和装饰用的钻孔贝壳。出于装饰的目的，也会对石头、骨头、木头、鹿角和象牙进行精心加工。在许多例子中，装饰用的贝壳是从很远的地方带来的，根据这样一个事实，我们可以推断这些装饰物对这些人来说有一定的重要性。

不仅装饰物陡增，而且在审美领域也出现了一个全新的维度，即雕刻、绘画、雕塑的动物和人类图案的出现。最有名的是来自法国和西班牙的洞穴壁画，它们大多十分壮丽。在此，我并不打算从描述意义或解释意义上评价它们，毕竟它们已经为许多专家所叙述并描绘。这些洞穴壁画的意义也为许多人所书写。从这些壁画中，一些人看到了宗教，一些人看到了巫术，一些人看到了知识的存储，一些人则看到了性和符号的象征主义。事实上，一个有智慧的头脑可以以任何一种它所喜欢的方式去解释它们。这种解释几乎没有任何限制。但如果我们对这些壁画出现时的文化、关怀和生活方式等方面的知识一无所知，那么解释这些壁画会和从功能意义的角度对随意收藏的毕加索油画进行理解一样难。

我们知道，随着现代人一开始在西欧亮相，他们便开始创作这 43
种壁画和图画。最古老的洞穴壁画大概可以追溯到3万年前。其中一些壁画相对普通，而另有许多则由具有卓越艺术天赋的人绘制。在现代人之前，不存在任何与这一活动相似的东西。据我们所知，另一件事情也很奇怪。许多绘画都位于洞穴的内壁上。在这些地方，直射或反射的自然光都没有强到能够让人们进行绘画或让其他任何人可以看见它。在此，对于为什么这些艺术家这样做，我们将不作猜测。但显而易见的是，他们能够通过火把或油灯制作可用的光。

另一个惊人的事实是，在这一地区非常流行的这种艺术实践，并没有得到广泛的传播。它仍主要局限在法国和西班牙的部分地区。而其他形式的艺术表达则广泛分布在世界各地。在西欧和东欧都发现了动物和人像的雕刻（其中人像雕刻往往是夸张的、风格化的）以及在石头、骨头和猛犸象牙上的雕画。最古老的雕画可以追溯到3万年前。类似的绘画和图案稍晚一些才出现在西亚和其他地区。同样，其中一些雕画相对粗糙，而另一些则明显由非常有天赋的人创作。也同样，在现代人之前，并不存在这一活动的任何痕迹。

有人肯定会得出这样的结论，认为智人和晚期智人之间的生物差异并不仅仅包含智慧和发明才能。进化的狭窄路径扩宽了。考古学记录所揭示的主要差异涉及装饰、审美，以及出现在壁画、绘画与雕塑上的世界事物的象征。这是现代人出现之后所带来的爆发式发展。在发明才能和智慧的产物上，也即在技术上，也有相似的爆发式发展。之后很久，在西亚，这种类似的发明才能和智慧产物也即技术上的爆发式发展才出现，大约开始于1.2万年前到1.1万年前，也就是现代人取代智人约3万年之后。

我不禁再次感到好奇，根据现实与想象力染色、装饰、创作图案，到底能够赋予一个动物何种适应、繁衍或生存的优势。诚然， 44
动物的发明才能的某些特征对于审美表达来说也同样重要：想象力、创造力和好奇心是这两种过程都必不可少的部分。所以我仍然相信，我们在智人身上首次看到的并且在现代人身上充分看到的审美意识（也可能是审美需求），代表着一种进化独特性。这些恰好与其他优势变化同时发展的特征并没有消失；尽管它们自身内部和它们自身都进一步发展了，它们仍然是“没用的”。但是，就我们所知而言，它们过去不是，现在也不是一个无足轻重的特征。

即使面对那些与任何看似有理的象征意义或意涵明显没有关联的审美产物，也很难去夸大审美之于人类的重要性以及人类在审美活动上所花费的时间和精力。大量的装饰和观赏器物，意味着在审美追求上耗费了大量的时间。此外，实用性的物品也被制作得很美观。例如，许多石器都被精心地加工过，因此它们不仅有锐边和尖头，而且有美观对称的形状。很久以后，随着陶器的发明（这是一项极为有用的发明），我们可以看到一个最能够阐明这一点的例子。非常不寻常的是，在陶器出现的时间附近，并没有发现一个陶器未加修饰的时期。几乎从一开始，陶器就是被修饰过的：审美需求一直都在。

正如我们从人类如此智慧的生物中所可能料想到的，审美活动并非永远都是不实用的。人类在那些一度仅用来装饰或者作为图案的物品中，也发现了用途。例如，在某些时刻，人类认识到一只画好的羊，可以用来存储和交流信息。所以，如果一个人卖三只羊给另一个人，则三只画好的羊和一些识别标记构成了这次交易的记录。有人在美索不达米亚、埃及和其他地方发现了 5500 年前的这类文字，它是书面语言系统的前身。

正如马斯哈克（Marshack，1976）所相信的，使用图像或标记来存储和交流信息的想法和实践可以追溯到很久之前，大概 3 万年前或更久。固然，在许多骨头、石头或鹿角上刻着的各种线条和标记——平行线、交叉线、“之”形线、曲线、“V”形标记、圆形压
45 痕——五花八门，但是我们无法获知，这些东西对那些创造它们的人来说，是否具有信息意义。他们也可能仅仅是尝试创作美观的花纹、无聊的涂鸦，或随便其他什么东西。它们具有信息价值的可能性是很低的，因为任何记录信息的系统，无论其本身有多原始，都是有体系的，否则，即使记录信息的人自己，后来也无法读取这些信息。而这些早期的标记，既毫无体系，也无法重复。

即使人类花了 3 万年才产生了长期存储信息的想法，以便于信息读取和交流，对此，我们也不应该感到惊讶，而应该感到惊艳。这确实是一个新颖的想法，它的意义和重要性必然是从前所不能预见的。但最终，这个新颖的想法改变并持续改变着人类的生活方式。

这本书剩下的章节与现代人在过去 1.5 万年的生存有关。在那些年中，变化的速度确实加快了。很快，一段很短的时间，比方说 500 年，便开始带来巨大的变化。当然，这些变化不是生物的变化，而是社会的、心理的和技术的变化。

尽管与这种天翻地覆的变化所发生的时间相比，现代人这一新物种的出现至少晚了 2.5 万年，但仍然有人倾向于把变化都归因于这个新物种的生物特征。同时，可能也有一种自我本位的、略显傲

慢的渴望，即认为我们现代人和智人有巨大的不同，而且是现代人比智人更高级的那种不同。但我们无法知道，如果智人继续存在而现代人从未进化，人类的知识与技术积累，是否会导向同样的发展。

和智人相比，现代人看起来可能是更好的知识“积累者”。如果确实如此，那么我们就可以接受在新物种的出现和技术的突飞猛进之间存在 2.5 万年的滞后，他们在这段时间里，不断积累必要的知识，直到使得新的努力成为可能。有两种可能的能力，使得现代人可能得以更好地积累知识，一种是心理的，一种是社会的。现代 46
人具有神经组织，这个组织可以产生更有效的记忆力和更好的信息加工机制。同时，通过发展出更高水平的语言，现代人也可能得以更顺利地交流，由此可以以群体为基础，更充分地积累知识。

毋庸置疑，对这些问题已经有大量的推测。神经组织的问题已经由霍洛威（Holloway，1974）处理，他尝试根据化石头骨标记，推断人脑结构的细节，即神经组织。但这种努力，并没有获得相应的结果。杰里森（Jerison，1973）考虑了同样的问题，并提出由于神经组织“模块化”，因而与体型相关的脑容量可以准确地反映一个物种的“智力”。但是，如果这种观点正确的话，那么智人将和现代人一样聪明，因为他们的脑容量并不比我们的小。因此，这个问题悬而未决。

在口头语言的问题上，为了探究语言的进化以及智人与现代人之间可能存在的差异，利伯曼做了一个认真的尝试。他通过分析人类的言语声音如何产生，得出这样一个结论：使成年现代人得以发出所有元音和辅音的是双管声道，而这一双管声道“最重要的解剖特征是直角弯曲”（Lieberman，1975：115）。以黑猩猩和人类新生儿为例，由于他们没有这样的结构，因而他们所能发出的声音受到了极大的限制。根据利伯曼的分析，这个事实对以口头语言为手段的交流尤为重要。如果没有这样的直角双管声道，动物将不能发出多数稳定元音的声音。也就是说，那些无法由黑猩猩发出的元音，最容易与其他发音相区别，即使舌头和声道相对于理想位置的小幅偏移都可能带来这种区别。因此，在现代人之前存在的任何人类物种，如果没有双管系统，那么他们都将在口头语言上面临限制。

为此，利伯曼和克里林（Lieberman and Crelin，1971）提出了这样一个结论：智人不能发出人类所有的语音。对于利伯曼分析的第一部分，很少有争议或者没有争议；但他对于智人的断言是否正确，则有相当多的分歧。勒梅（Le May，1975）和伯尔（Burr，1976）强有力地予以辩驳，他们认为智人可发出和现代人同样的语音。

47 无论如何，对于智人的声道这个问题，不管谁的观点正确，通过这个方法，这个问题都可能是无解的。言语和语言，作为一种交流系统，需要发出一组不多不少的特定语音。正如利伯曼（Lieberman，1975）所指出的，语言需要神经组织去编码和解码言语发音，去编码和解码组织语法体系，并且也涉及了大量的认知能力。无法发出人类所有可能的言语发音，所引起的后果可能是最小的，也是最微不足道的。我们并不需要所有发音，并且如今也没有任何一种语言用到了所有可能的语音。一些语言，比如日语，实际上只用到非常少的语音。

如果一个使用口头语言的物种不能发出大量稳定的元音，那么它会轻松地通过引入更多言语冗余和更长的单词来获得补偿。对此，唯一可能的后果是，他们需要稍微放慢信息交换的速度。另外，与更强调音调、停顿与发音持续时间比，言语的基础单元也可能有所不同。正如乔治·米勒（George Miller）曾向我指出的，即使一个语言系统像摩尔斯电码一样贫乏、一样缺少发音的多样性，对于以口语作为手段的交流而言，也没有任何不可逾越的屏障。

所以我们无法确定无疑地说智人和现代人之间究竟有哪些差异，我们也无法确定是否存在任何重要的差异。但是，差异确实存在，并且这种差异对生存肯定有重要的意义。到 3.5 万年前，智人已经消失了。在每个地方，我们能看到的物种，都只有现代人。

随后，我们成为最近的、现存的但无疑不是最后的人种。作为一种有创造力的、有智慧的、有发明才能的和执意于控制环境的动物，我们已经进化了。这种动物同时也是富有想象力的、风雅的、好为人师的和社会性的动物。正如我们如今所知的，从古生物学和考古学的记录中推断，这些特征至少是可信的。毫无疑问，这种高度复杂的动物还有其他与生俱来的特征，但从我们所知的遥远的、进化的过去中，我们并没有得到任何线索。

但是，通过回首更近的过去，我们大概可以学到更多。现代人用他的能力和爱好做了什么？我们如何发展出我们当下的行为模式、复杂社会和错综的信仰体系？

第二部分

“文明”的征途

第五章
迈向定居生活

季节性流动的生存模式有很多需要介绍的地方。在想象大约 51
2 万年前的流动情况时，不要把它看成是一群散乱的、半营养不良的人，在寻找食物的过程中，被迫不停地从一个营地向另一个营地流动。这样的形象对更早的人类而言也许是恰当的，但不再适用于智人的生存，流动无疑也不再是现代人的生活方式。正如我们提到的，法国西南部的智人已经能够在其环境中非常有效地开采食物资源，因此，博尔德和索纳维尔-博尔德（Bordes and Sonnevile-Bordes，1970）称他们为“半定居人群”。他们不会频繁地更换营地。

描绘现代人的生存图景时，想象一下，一个营养良好的群体，在一年中的某一时期，可能是春天或夏天，待在一个地方，而在这一年的剩余时间里，则待在另一个地方。在他们的两个营地中，一个可能比另一个更“固定”。更“固定”的营地往往选在有丰富的食物来源和在适当的季节里气候宜居的地方。确实，收拾行李、徒步两到三天（或者甚至可能是几周）去新的地点、建起群体所需的临时庇护所和设施，在某种程度上可能是一种负担。但是，通过一年两次，有时可能是一年三次的迁移，他们不用费太大工夫，便可以拥有世界上最好的和轻松愉快的生活环境。

这个图景可能夸张了一些；在早期阶段，比如3万年前，即使是现代人，可能也需要在不好的年景中迁移更多次，而且非常合意的营地位置可能也并非总是可到达或可使用。但是，在1.5万年前，这个图景可能并不夸张。对现代人来说，潜在的食物来源继续扩大，甚至可能比过去更迅速地扩大。大约2万年前，两个主要的新食物来源开始变得非常重要。首先是来自海洋和湖泊的食物，即
52 鱼和贝类。这种以前只能少量、零星获得的食物，开始成为人类的主要食物。另外，基于舂在近东地区的流行，我们可以推断谷物在那时获得了广泛食用。随着时间的推移，这种食物承担着越来越多的重要性。考虑到人口密度和技术发展的情况，这些新的食物来源和以前所依赖的食物，在人类居住的大部分地区，在大多数时候都能获得充足的补给。

人类的人口规模并不是很大，居住区的人烟也很稀少。所以，季节性流动的生活方式并不困难，而且呈现出所有我描述过的优势。这些优势足以吸引如今那些有负担能力的人重新回到这样的生活方式。当然，这是一种非常不同的情况。我知道有一些现代人，春天和秋天居住在纽约，冬天居住在佛罗里达，夏天则居住在海边或庄园。

尽管如此，也有人发现，在1.1万年前，有些群落并不会更换地点：他们常年待在一个地方。这种变化“如何”以及“为什么”一旦开始便逐渐席卷整个居住世界，成为一个被热烈讨论的有趣的问题。为了分析这个问题的事实和可能的解释，我们可以考察全年占据同一地点以至在一些地区定居的情况，也就是黎凡特，尤其是

现在的以色列和黎巴嫩地区的情况。

从季节性流动到定居生存首先出现在流动生存比较容易的地区这一变化，看起来是矛盾的。其实关键点在于，在这种地区，不管是自东向西，还是自北向南，即使相对短距离的流动也要面临气候的巨大变化。对气候地理的一些了解，可以帮助我们理解这个变化。在今天的地中海有一个狭长的沿海平原，其长度大致自北向南贯穿整个地区，宽度有 10 公里多一点。这个沿海平原属于典型的地中海气候。当然在 1.5 万年前，覆盖着世界许多地区的冰川和冰层还未融化，各处的水位都比现在低。黎凡特沿岸平原在那个时期比现在宽 10～20 公里。这是一个小小的题外话。但必须指出的是，人类群落无疑也居住在这个宽阔的沿海平原，所以，很不幸地，他 53
们居住的地点，如今沉睡在我们一无所知的水底。

如果从海岸平原向东行进，则将迅速进入山区。仅仅 30～50 公里的距离、500～600 米的海平面，气候便相当不同。冬天在这个海拔上非常多雨，比地中海沿岸更寒冷，而且非常潮湿。夏天则晴朗干燥，昼炎夜凉。如果继续向东行进，海拔则将急剧下降，进入约旦裂谷，这里又是另一种气候。大约 35 公里的距离，便置身于海拔 400 米以下的炎热、干燥的荒漠气候。从北向南的变化虽然没有这么突然和急剧，但也同样显著。南方是西奈半岛和内盖夫沙漠。越往北行进，则越多雨。在 400 公里的距离之间，便从不毛的荒漠之地流动到富饶的国度。

1.5 万年前，这一整个区域可能稍微比现在凉爽、干燥一些，但这种地区内部的巨大气候差异，在那时也一样存在。当然，在这个气候各异的地区，生长着不同的植物和动物，而且在一年的不同时间里，这个气候各异的地区对人类最为友好。例如，野生小麦和大麦在山区的长势最为繁茂；北山羊在岩石区和半干旱地区繁衍生息；野山羊和不同种类的鹿在北部黎巴嫩地区更为常见；瞪羚则盛产于约旦谷底和沙漠边缘。在一年特定的时间里，季节性流动群落在有利的地区选定他们的营地，其所需要行进的距离并不会太远。这是对那个地区的季节性流动生存的狩猎和采集风格做出可靠推断的基础。即使推断存在困难，其困难也是微乎其微的。

让我们继续尽我们所能地描绘这个图景。人类群落，大约于公元前 17000 年到公元前 10000 年居住在这个地区。经鉴定，考古学家认为这个时间跨度与凯巴拉（Kebaran）[①] 技术-文化综合体相一致。在考察生活方式向定居生存变化的证据时，黎凡特文化是最具代表性的文化。巴尔-约瑟夫（Bar-Yosef，1982）精彩地呈现了这个时期的文化，包括一些之前没有充分公开的遗址资料。

54 正如我们所预料的那样，在六七千年间，对以狩猎和采集为生的季节性流动人群来说，一起生活和迁移的人数非常少。当然，这些群落的规模需要从已发现的遗址中推断；并且，不是所有的营地的覆盖面积都一样，所以群落的大小也有相当大的变化。那些反复往返的地点面积比较大；而那些临时的狩猎营地则相当小，只有 25～50 平方米。巴尔-约瑟夫在报道中大约考察了公元前 17000 年到公元前 12500 年的 30 个遗址，以及大约公元前 11000 年的 35 个遗

---

① 译者注：凯巴拉文化即西亚中石器时代早期文化。分布于叙利亚、黎巴嫩、巴勒斯坦、土耳其等地中海东岸地区，因首次发现于巴勒斯坦卡尔迈勒山凯巴拉洞穴而得名，时代为距今 12000～18000 年。

址。后面这个时期的石器稍微有点不同，被称作“几何凯巴拉”(Geometric Kebaran)[①]。他的结论是，这些凯巴拉居住群中最大的群落可能包含“四个核心家庭”。他将此作为一个谨慎的估计，但即使不想这么谨慎，这个群落的规模也是比较小的。

他们所选择的居住地的面积自然更容易推断。大一些的遗址，最大的有 450 平方米，一般只在低地地区，或在地中海气候的沿岸平原，或者在约旦谷底，其中，低地地区更受青睐一些。这些比较大的低地遗址，可能代表着那些一年之中主要居住且每年往返的大本营。而那些在内陆丘陵地区的遗址则比较小，可能是季节性的夏季营地。黎凡特的这种营地分布，除了最南部地区之外，其他与早期及晚期凯巴拉没什么区别。在贝尔谢巴谷底南部，没有发现公元前 12500 年之前的凯巴拉遗址，换言之，在这个气候更干燥的时期，最干旱的地区无人居住。在湿度更高的气候改良期，人类得以搬进内盖夫，甚至搬进了“几何凯巴拉”晚期的西奈沙漠。所有这些沙漠营地都不大，其中面积最大的只有 150 平方米。这些沙漠遗址可能代表着更具临时性的冬季营地。

凯巴拉时期不是一个特别有创新精神的时期。诚然，石器在之前几千年的基础上继续高度发展，但在凯巴拉遗址，几乎没有发现骨器，少数的确存在的骨器也呈现出一万年之前的工具模样。这里存在磨制石器、碗、臼、杵等用于碾碎与研磨的工具，但数量极少。一般认为，除了研磨红赭石之外，这些工具主要用来研磨或碾 55
碎野生谷物的谷粒，而这些谷粒是日常饮食的一部分。但是，由于

① 译者注：即晚期凯巴拉，其几何形的细石器具备一定的特色，以三角形、半月形等几何形细石器为主，由此而得名。

发现这些工具的遗址位于植物保存条件比较恶劣的地区，因而不存在食用谷物的直接证据。所发现的动物骨头清晰地表明，凯巴拉人主要猎食营地所在地区最容易获得的有蹄类动物。鸟类的遗骸不多，偶尔有鸽子、秃鹰或鹅的遗骸。

这一图景相当清楚且相当连贯：凯巴拉人已经逐步形成了十分稳定的生存模式，在这种一年搬迁一到两次的模式下，小群落能够生活得很不错。这个地区的人口并不密集，并且在大多数时间里，食物供给无疑相当充足。这种相同的技术文化模式持续了6000～7000年，稳定是其重要的主题。群落的规模没有变化；除了沙漠地区外，对营地选址的偏好保持一致；尽管有细微的变化和轻微的风格差异，但基本相同的工具持续了一整个时期。对考古学家来说，一个凯巴拉营地是轻而易举就能快速辨认出来的。正如巴尔-约瑟夫所说，这么几千年过去，他们仍旧如此相似，相似得有点无聊。

随后，他们突然发生了变化。在这里，“突然”意味着在几百年之内。纳吐夫（Natufian）技术-文化综合体①取代了凯巴拉，在世界部分地区持续了相对较短的一个时期，这个时期从大约公元前10500年到公元前8500年。由于某些原因，那种稳定了几千年的生活模式受到新异的影响。无论新的影响是否来自与遥远的或者完全未知的土著群落接触，都可以确定的是，其结果是多种多样的。由于常年居住在同一地点的定居生存是从纳吐夫开始的，因而对其进行更为详细的考察，可以说明这一对人类前景具有重要意义的生活

① 译者注：即西亚的中石器时代文化。主要分布在叙利亚、巴勒斯坦和黎巴嫩。

方式巨变是如何发生的。

首先，非常有必要强调的是，纳吐夫人依旧是野味猎捕者和野生作物采集者。在一些遗址中发现，鱼也是其食物来源的重要组成部分。在纳吐夫遗址的任何证据中，都没有粮食生产与畜牧业的迹象，也就是说，农业并没有开始。之所以强调这一点，是因为不久 56
之前，专家们几乎一致认为，农业是人类得以在一个地方定居的必要前提。弗兰纳里巧妙地描述了这种先前占支配地位的观点：“一旦农业使得人类从对食物的永恒渴求中解脱出来，他便可以停止无止境的流浪，并在村庄定居。在村庄里，他们改善了陶器制作、织布编织和所有其他定居生活里标志性的技术。”（Flannery，1972：23）并且，他进一步评论说：“过去十年的考古发现并不利于还原当时的场景。在近东地区发现的完全定居群落，可以追溯到公元前8000年前，但缺乏家养动物或典型家用谷物的证据。”

我们现在所知的是，在近东地区，定居生活比农业早出现一段时间，并且对它们的发展先后顺序也需要不同的理解。我们可以通过审视最早的聚落遗址来考察。尽管大部分的纳吐夫遗址的面积并不比凯巴拉的大，但还是有一些遗址大很多，其面积超过1000平方米。正是在这些更大的遗址中，存在着全年居住的证据。整体而言，这些证据十分具有说服力。

存在建造良好、经久耐用的房屋，可以作为某个遗址被全年占用的一个表现。佩罗特（Perrot）——加利利东部一个村庄埃南（’Eynan）的发掘者，首次指出了这一点。在那时，大多数人相信，如果没有农业，永久定居便不可能存在。而在埃南，他发现了可能用芦苇做屋顶的石屋，这些屋子大约可以追溯到公元前9500年。

这种建筑表明投入了相当多的精力与时间，而最主要的论点是，这种固定住所不可能由季节性流动的群落建成。佩罗特说：

> 在埃南，与真实的房子一同出现的永久定居，是一个崭新的、重要的事实。这个事实对于房屋的建造本身没那么重要……但它表明永久定居在食物生产之前就已经实现了。……当游荡在约旦河谷底下游的纳吐夫猎人造访杰里科的春天和绿洲时，埃南人在特别有利的条件下，已经开始了永久定居。(Perrot，1963：21－22)

57 另一个例子来自叙利亚一个可追溯到大约公元前8500年的村庄姆列比特（Mureybit）。其发掘者范·隆谨慎地说：

> 但是，这些发现表明，大约有200个永久定居的独户住所，在这里存在了至少4个世纪。……古老的姆列比特居民似乎通过独自狩猎和采集野生植物来维持生活。（Van Loon，1968：280）

存在耐用构造的房屋本身，可能无法作为定居生活完全可信的证据。有人可能会说（有人已经这样说了），它仅表明居住者在每一年之中都会花费足够的时间去建造值得投入时间与努力的建筑。但对于较大的村庄被全年占用这一结论，确实还有其他的证据可以予以巩固。基于纳吐夫人的技术和食物使用模式，考文（Cauvin，1978）仔细地考察了他们所处的环境条件得以维持全年生存的可能性。他也调查了碎片、文物和化石的分布，以确定其是否能合理化全年居住的主张。他的结论来自三个地方：姆列比特、阿布胡赖拉（Abu Hureira）和埃南。事实上，这三个地方都是永久定居的遗址。

对此，我们还有第三个证据，它可能是所有证据中最可信的证据。这个证据由巴尔-约瑟夫提出。他指出，这些地方包含着“大量人类共生物的痕迹，比如家鼠、大鼠和麻雀的痕迹。这两种啮齿目动物和麻雀在哈约尼姆（Hayonim）洞穴中发现的啮齿目动物和鸟类中占了大多数，这几乎可以肯定，这个洞穴与台地中存在着全年居住的现象”（Bar-Yosef，1982：26）。

因此，在公元前 9000 年之前，人类史前时期第一次，西亚的一些群落在一个地方全年定居下来了。这种定居不是偶然的，不是某个好年景中的一个意外事件，而是永久地、年复一年地定居下来了。他们为什么这样做？一种呼之欲出的看法是，人类可能尝试了上万年甚至上百万年来定居，因此一旦能够定居，他们便迅速定居了。我们知道，他们曾成功地减少了他们每年需要迁移的次数；我们也知道，甚至在 5 万年前，一些人也曾偶然地在某个地方顺利地居住了整整一年。而且，这种状况显然持续了很长时间。为什么不 58
呢？人类为什么不摆脱迁移生存的负担，而选择一种更简单的、更舒服的定居生活？谁会想一直颠沛流离？

这个观点可能是对的，并且也确实容易被接受。但问题是，不是所有人都热心于定居。在纳吐夫文化时期，许多（毫无疑问是大多数的）群落都延续季节性流动的生存方式。上千年之后，当定居生存更成熟时，仍然有许多群落没有在一个地方安定下来。甚至在今天，世界各地也有一些被挤入最不宜居之地的小群落，他们仍然延续着这样或那样的迁移生存方式。他们甚至以积极抵制定居压力而闻名。

人类是一种复杂的动物。他喜欢安全，也喜欢冒险；他喜欢舒适，但也常常选择忍受严酷的环境。也许最稳妥的说法是，定居生存看起来提供了许多便利，因此，如果定居生存得以成为可能，也就会有许多人选择这种生存方式。但这只是迈出了一步，正如我们所看到的，这种生存方式也有一些不幸的后果。这些后果是不可逆的，并且是自循环的。

不管怎样，在此，让我们先细究一下，假如人类都同样渴望定居或抵制定居，那么，是什么使纳吐夫群落得以安定下来，而凯巴拉群落却没有做到。最令人惊讶的是，在纳吐夫的技术条件下，我们并没有看到如我们所料的事情，没有大量的变革，也没有可能使定居更容易实现的新发明和新食物。只有相当多的小变化，但这些变化，并没有一个算得上特别大的变化。

从凯巴拉到纳吐夫文化，片石工艺没有表现出很明显的变化。事实上，纳吐夫的燧石工具制作工艺可能比凯巴拉时期的更不成熟。在纳吐夫时期，只有两个变革：骨柄镰刀和细长的燧石镐。前者刀刃边缘的特有光泽，表明它们是用于割草的；后者的用途则不确定。这些工具只出现在纳吐夫遗址中。刀背有光泽的燧石刀片在凯巴拉遗址中确实也出现过，但它不是有柄的镰刀。纳吐夫其他片石工艺则和凯巴拉没有很大不同。

59 在其他工具上，从凯巴拉到纳吐夫则有很大的变化。但这些变化并不意味着新的发明，而只意味着这些工具在使用重点和使用程度上的不同。尽管在凯巴拉遗址中发现了由动物骨头制作的工具和用来碾碎与研磨的石磨工具，但这些工具的数量非常少，而且它们没有被频繁使用。相反，在纳吐夫遗址中，则出土了大量用于捕鱼、狩猎和加工兽皮的骨制工具，以及大量的骨制珠宝。同时，在纳吐夫遗址中，遍地都能发现用于碾碎与研磨的工具，它们的数量与种类都远远超过了早期的文化。但在所有这些对骨器和石磨工具的高度依赖中，并没有什么新的发明，只是一些几千年来广为人知的工具，用得更加广泛了。

事实上，只有一种全新的工具，但这也可能是一种重要的工具。纳吐夫人发明了校对木制箭杆的工具。这种工具从概念上来说非常简单，它由一个与地面平行的深槽构成，这个深槽往往嵌在玄武岩中。石头加热之后，将木杆放到深槽之中校直，由此便能产生一些质量明显更好的箭杆，而这些箭杆将大大提高狩猎的效率。

虽然很难寄希望于用这一点来解释一些纳吐夫群落在同一个地方的全年居住点定居的能力，但是这个地区的珠宝和饰品质量得到了明显提高，种类得到了明显增加。装饰品、项链、手镯和戒指，由各种石头、骨头、牙齿和琳琅满目的贝类制成。从材料使用的迹象可以看出，与之前的凯巴拉人相比，纳吐夫人的贸易可能更为频繁。

他们如何能在一年四季中在同一个地方获得充足的食物？如果我们假设，一些群落选择安定下来是因为定居可以从许多途径提供更简单的生活，那么这个问题的答案应该是简单的、合理的，并且是可信的。但由于这一问题缺少一个令人满意的答案，因而我们可能需要考虑迫使他们停止季节性流动的环境和压力可能性，以及由此他们必须并且也能够在一个地方定居的可能性。

并没有什么巨大的变化使定居生存成为可能：所有的证据都清
晰地指出，定居生存是由许多小事积累而成的。纳吐夫人成为比他 60
们的祖先更娴熟、更高效的猎人。除了更笔直的弓箭和这些工具都带着骨尖之外，我们可能还需要提到另一个重要的事实。这个事实是，他们驯养了狗。(Davis and Valla，1978) 如果把这些狗用于狩猎，尤其是用于猎捕瞪羚一类的动物，那么这将是一笔可观的财富。因为在狗的帮助下，可以把这些动物赶回营地。纳吐夫遗址中的动物骨骸表明，瞪羚是主要的肉类来源。

有一种可能性（一些人认为是一种重要的可能性）是，纳吐夫人更擅长从海洋中开发食物资源。在许多纳吐夫遗址中发现了骨制鱼钩，这显然增加了这种可能性。然而，对此并没有足够直接的支持证据。几乎没有直接证据，如果非要说有的话，那么在纳吐夫遗址中发现的一些贝类动物的化石算是一个证据。埃南的定居村庄也算一个例外，在这里发现了少量的鱼骨化石。然而在埃南，情况有些不一样。这个地区坐落于巨大的湖泊岸边，化石证据表明了它对鱼类的高度依赖，这种依赖可能比对肉类的依赖程度还要高。似乎很容易得出这样的结论：如果可以有效地四处开发水生资源，那么理解纳吐夫结束流动生存的生活方式则显得没那么重要。

定居生存得以维持，最重要的饮食变化可能是，纳吐夫人对谷物的依赖迅速增强。对此，有三个十分有力的独立证据。第一，广泛出现了用于收割谷类植物的骨柄镰刀刀片。第二，用于研磨和碾碎谷物的石磨工具大量增加。第三点证据尤为直接，即几乎在所有纳吐夫遗址中发现的牙齿化石都有明显的磨损与龋齿的痕迹，史密斯（Smith，1972）认为，这个症状与谷物的大量摄入有关。

关于高度依赖谷物对维持定居生存的重要性，需要并且也应该有一些解释。不管一个地理位置有多优越或坐落于多么好的地方，一年之中总有一段时间是粮食紧缺的。如果有人打算全年居住在某个地方，那么他要么能忍受周期性的艰难与饥饿，要么能找到储藏和保存食物的方法，在粮食富余的季节为粮食匮乏的季节贮藏粮食。在恰当的季节里，有大量容易采集的谷类作物，如小麦和大麦。它们在那一地区的山丘上，在肥沃的沙地里，四处野生野长。 61
更为重要的是，干燥的谷物非常适于贮藏，因为它们常年保持干燥，所以一般不会变质。顺便说一句，非常有意思的是，偶然的贮藏失败并不总是带来消极的影响。一个毋庸置疑的例子是，存储的大麦有点受潮，可能带来了啤酒的发明。

从凯巴拉到纳吐夫的另一个显著变化是，他们营地选址的变化。凯巴拉的许多遗址都位于沿海平原，但纳吐夫遗址却并非如此。纳吐夫遗址一般位于丘陵地区或干涸的河道口附近的山坡上。关键在于，他们的选址在不同生态区间隔带的附近。所以，在同一地点，他们既可以享用欣欣向荣的平原上的动物和植物，也可以享用山区里种类不同的动物和植物。

因此，更有效的狩猎、狗的驯化、各地鱼类食用量的增加、对可储藏谷物的更高依赖、对居住地点更明智的选择和巴尔-约瑟夫所描述的“前期发明技术的强化使用”（Bar-Yosef，1980：125），这些小事情逐渐累积成一种生活方式的主要变化。所有这些事情的增加，都提高了人们在某个地方待着的能力，他们不再随着季节的变化而迁移。即使待在原地要付出代价，他们也仍会选择这样做。为了储存谷物，他们需要建造能够保持谷物干燥的存储仓。对谷物依赖的提高意味着需要大量的劳动力去脱粒、烘干和研磨。目前尚不清楚，和一年从一个营地搬走一到两次相比，这种定居生存，哪怕是最简形式的定居生存，在生活便捷性上所能提供的明显优势是什么。

所以，我们必须提醒自己，并不是所有纳吐夫群落都选择了这种崭新的生活方式，并且这也不足为奇。许多群落都如此。在世界各地，当有可选项时，对不同的生活方式，不同的群落仍会作出不同的选择。例如，位于 1000 米以上的扎格罗斯山区，尽管大部分村落会全年定居在那里，但“其中两个部落仍有迁居习惯，随着冬天的来临，他们会长途跋涉到更低的山谷过冬，而将他们夏天的帐
62 篷留在高地”（Braidwood and Howe，1960：17）。然而，那些选择定居生活方式的人，那些在全年居住的地方建立聚落的人，他们深远地影响了未来。

虽然人们常说，食物生产和农业开端在人类群落中是一场不朽的革命，但是，对我来说，根本性的变化似乎是从季节性流动到定居生存的变化，并且我也尝试在接下来的一章中解释我为什么这样认为。由于许多原因，这些变化是无法逆转的，只能不可回避地向前。有句古话说：“山雨欲来风满楼。”但是，在纳吐夫时期，即将到来的事情并没有任何预兆。也许这句古话并不适用于两三千年前。

第六章
定居群体的规模

无论追随定居生存的变化可能有什么可预见的优势或不足，至 65
少有一个后果在当时是可想而知的。我们知道，放弃了流动的生活方式而全年居住在一个地方，总是伴随着人口规模的增长。它为什么会发生？有多无法避免？我们如何才能确定它确实发生在 11000 年前？这些都是需要我们回答的问题。

在 300 多万年前的季节性流动的过程中，人类群落的规模相当小，所以他们得以一起居住，一起流动。自然，要确定其确切的大小并不容易。对其确切的大小，也有一些争议。但是，这些群落是否由 8～15 个成员的核心家庭组成，这些群落的规模是否在特定的时间和地点达到 50 个，诸如此类的问题对我们来说并不重要。我们可以把整个范围看得相当小。然而，正如我们在前一章所提到的，当我们在大约 11000 年前的纳吐夫营地中发现非常清晰的定居生存证据时，我们便首次发现了相当大的群落：根据合理的估计，这些永久的营地可以居住 150 人或者更多的人。

为了再度强调这一点，我们可以比较一下同一地理区域的居住地面积，即在纳吐夫时代之前及与纳吐夫时代同期的黎凡特的面积。巴尔-约瑟夫（Bar-Yosef，1982）对此做出了出色的总结。在凯巴拉时期，从公元前 17000 年到公元前 12500 年，这些遗址的面积（不算只有 15～25 平方米的小营地）为 100～150 平方米［如恩盖夫 1 号（Ein Gev I）］到 350～400 平方米之间［如凯巴拉洞穴（Kebara cave）和卡法达罗姆 8 号（Kefar Darom，VIII）］。这些区域的面积非常小，最大的营地面积可能和直径 20 米的圆一样大。考虑到这些区域有一部分为工作和储存空间，因此在这之上居住的男人、女人和小孩的总数显然不超过 40 个。而所谓的几何凯巴拉时期（这一时期的石制弹头已经发生改变），可以追溯到公元前
66 12500 年到公元前 11100 年。这一时期遗址的大小并没有发生变化，最大的遗址［例如协西巴（Hefsibah）］面积仍然只有 400 平方米。

在纳吐夫时期，从公元前 10500 年到公元前 8500 年，普遍延续了相同的模式：纳吐夫主要营地的大小基本一致，并且，据推测，其人口数量也大体相同。有人发现了一些可能更小的营地，大概 100 平方米，并且也有人在这一地区发现了许多 400～500 平方米的遗址。这一范围包括纳吐夫的绝大多数营地。然而，也有一些例外。也有几个营地超过 1000 平方米，但其数量不超过六个，它们的面积是普通营地的两倍多。这些大的营地恰好表明这里有更密集的建筑活动，同时也显示了定居生存的其他迹象。在这些地方，人类首次成功地建造了可靠持久的全年居所。定居生存和大规模群落之间的一致性是显而易见的。

为什么这些定居营地比其他营地大得多？对这个问题只有两种可能的解释。其中一种解释是：这是较小群落的集聚形成的，由于一些原因，若采取流动的生活方式，则较小的群落必须周期性地与

其他群落保持联系，而这些更大的营地可能就是他们通常会合的地方。另一种可能的解释是：随着定居生存方式的形成，局部人口迅速增长，扩大居住地的面积便变得十分必要。

第一种可能的解释，认为大营地是由几个较小的群落的集聚形成的，这种说法很有吸引力，也很简单易懂。但如果进一步细究，就会发现它并没有那么可信。让我们简明扼要地重述一下促成定居生活的事件的推理思路。流动性较低的生活方式对人类来说并不是什么新的诱惑：这种诱惑至少可以追溯到智人时期，甚至可能追溯到更久之前。渐渐地，人类越来越想减少他们每年的流动次数。事实上，这是他们保持小规模群落的一个原因：在一个特定的地区，较大的群落更容易耗光食物资源。最终，通过更有效的狩猎方式、更丰富的食物来源和增加对易于长期贮藏的食物的食用，一些群落发现了某些他们可以全年居住的地区，并定居了下来。

然而，在定居生存的情况下，一个可以容纳 40～50 人的地区，未必能容纳 150 个人。多个独立的群落在一个地区的集聚，将很快就消解掉全年定居的尝试。在食物特别丰富的时候，这种集聚可能在某个地区短暂地出现过，但这种多个群落的季节性会合并不能为 67
所有人建立固定的居所。固定居所的数量显然是估计永久居住人数的一个线索，据估计，在这些稳定的聚落附近有 150 个人，包括男人、女人和小孩。

如果我们反对集聚的解释，那么我们只剩下另一个可能的选择，即相信在定居生存与相对迅速的局部人口增长之间存在时间上的巧合。但我们不能止步于此。因为，人口增长与定居生活这种表面的巧合，其实比我们所反对的解释看起来更不可信。如果要接受人口增长的解释，我们就必须考虑巧合之外的问题：这两种现象之间必须有因果关系。而且，如果它们确实存在某种因果关系，这种因果性的方向就一定是明确的，也就是，人口增长不能促进定居生存的形成。那么，剩下的问题就是，定居生存会引起人口骤增是否可信？对这个问题的回答是，不仅定居生存确实会引起人口骤增，而且人口的迅速增长几乎是不可避免的——始料未及，不可避免。

首先，让我们详述这个问题的意涵：当我们说纳吐夫早期的定居聚落人口迅速增长的时候，我们到底在说什么。我们不是在谈出生率的提高或者寿命的延长这种可能被称为“人口爆炸”的事情。尽管墨西哥和巴基斯坦的出生率意味着人口将在30～35年间翻一番，但这和纳吐夫早期的人口增长并没有可比性。我们可以设想，在10000年前或者11000年前的定居点，差不多在200年的时间里，局部人口增长了两倍。但我们无须假定或者想象一些尖锐、剧烈的文化和行为变化来解释这种巨量的人口增长。事实上，只有两个原因可以解释这一点。第一，季节性流动的妇女可能面临更高的流产发生率。第二是使得定居群落中的活产间隔期得以缩短的生理因素。

68 当群落从一个营地迁往另一个营地时，其实必然会导致更高的流产发生率，尽管我们很难估计这种后果的严重性。有关流产发生率的资料非常贫乏，即使在现代社会中也是如此。从赫宁（Henin，1969）所发表的研究中，我们大概可以获得一些粗糙的线索。在分析苏丹卡瓦哈部落的生育模式时，他对比了这个部落的三个不同群落，其中一个群落于20世纪20年代停止了游牧生存，另一个群落于20世纪50年代开始定居生存，第三个群落则始终保持游牧的生存方式。他发现，在两个定居的群落中，每 1000 例妊娠中会有稍少于 50 例的流产；而在仍保持游牧生存的群落中，每 1000 例妊娠中会有将近 80 例的流产。这是一个相当明显的差异。但是，我们不能将这些数据照搬到生活在 10000 年前的人类身上。在现代部落中，定居群落和游牧群落的饮食充足性与休息充分性存在明显的差异。此外，与季节性流动的远古人类相比，建立在其他经济考虑之上的现代游牧生活方式也十分不同。然而，我们可能还是可以说，更高的流产发生率，起码有一部分是由群落内部的流动和群落本身的流动造成的。

女性的活产间隔期越长，越可能是因为受到了定居生存的影响。但是，为什么认为定居生存会对活产间隔期产生影响，则需要一些解释。在孩子出生之后，人类女性存在着一个正常的不孕期。我们对造成这个产后不孕期的生物化学和生理学机制一无所知，但其某些影响因素是清晰的。不孕期与哺乳期及母乳喂养直接相关；母乳喂养持续的时间越长，排卵延迟的时间也越长。最初有人认为，哺乳本身是不孕期的唯一影响因素，但随着证据的积累，我们发现这种说法并不完全正确。在排卵期延迟中，更关键的因素是婴儿持续有力地吮吸母亲的乳房。（Lee，1979）这是一个稀奇但具有生物适应性的现象。只要有一个婴儿完全地或者主要地依赖某个母亲的奶水，那么这个母亲在这期间便不可能怀孕。除了要为两个婴 69
儿提供足够的奶水这个可能的难题之外，另一个存在于迁居群体中的大难题是，需要携带太多的孩子（每个女人不止要带一个?）所引起的生物适应性问题。

在现代农业和工业社会中，这些问题变得几乎无足轻重。一般来说，在婴儿相对早期，人工喂奶便取代了母乳喂奶，同时还引入了固体辅食。由此，产后不孕期变得相对短暂。但是，生活在11000年前的人类，还没有家养动物（除了狗），也没有可用的奶水替代来源。可能在头两年，母乳都是婴儿唯一的食物，并且在第三年或者更久以后，母乳也还是婴儿的主要食物来源。由此，我们不难猜想，在顺利活产之间，会有一个三到四年的间隔期，这个间隔期十分自然且合乎习俗。结合这种生育间隔期、不定期的流产以及可能不超过50%的孩子能存活到成年，我们便可以理解那时候的人口规模为何没有迅速增加。

但是，我们并没有解决为什么定居生存完全改变了这个状况这一问题。最重要的是，定居群落能够为更早期的婴儿提供足够可食用的辅食。假定这些人没有制作和贮藏果泥或菜泥的技术，他们也可以用磨碎并煮熟的谷物作为母乳喂养早期的主要辅食。在一个地方全年停留的群落，高度依赖这些谷物，并把这些谷物季节性地采集并贮藏起来。因此，他们能全年为婴儿提供充裕的辅食来源。与流动群落相比，定居群落中婴儿完全断奶的时间可能更早，也可能没有更早。由于有更充足的辅食，婴儿对母乳的依赖更小，因而缩短了产后不孕期。随后，连续活产间隔期也缩短了，可能变为两年半或三年。这将为定居群落带来大规模的局部人口扩张。

这种随着从流动到定居的变化而发生的人口增长，显然也有许多文化和心理的因素在其中起作用。这些因素都围绕着一个事实而展开。这个事实是，由于不必在一年之中搬迁一到两次，因而在两
70 次生育之间维持长间隔期变得没那么重要了。在一定程度上，流动群落可能通过杀婴或产后房事禁忌来有意地维持更长的活产间隔

期，而在定居群落中，这种做法逐渐减少或消失了。但是，我们无法对这种可能的生育控制作任何推断。尽管我们发现杀婴或产后房事禁忌存在于某些现代群落中，但这除了能够提醒我们过去的人类群落可能也存在这种做法之外，几乎无法为我们提供更多关于过去做法的任何信息。影响一万年前的人口规模的整个文化与心理领域，至今仍属于天马行空的猜想范畴。

尽管对影响人类生育繁殖的因素知之甚少，但我们仍希望通过生物证据之外的事实来推证这些因素。因此，我们将依据来自现代人类的证据，来往回推断当时的事实。通过观察生活在当代的人类，去构想生活在一万多年前的人类的情况，正如我们再三提醒自己的那样，对于这种方法，我们必须十分谨慎。从生物学上来说，他们无疑是一样的，或者是几乎没有差别的。但人类的行为不可能完全取决于生物过程。几乎所有的行为都受心理、社会和文化因素的影响。而且认为生活在现代的人类和生活在远古的人类在文化上具有一致性，这种说法也是无稽之谈。无论现代人类群落的社会组织、生活方式有多简单，或者他们的信仰体系看起来有多“原始”，我们也不能将任何现代群落看成是过去人类群落情况的线索。毕竟，从过去到现在，无论是尝试这样那样的事情，是想法和体验，还是不断发展对群落有效的文化与信仰体系，都已经过去一万年左右了。我们从这种现代群落中唯一能学到的东西是，他们的生活方式是人类群落中一种可能的生活方式，但并不是很久之前的人所采用的生活方式。所以，当我们利用来自现代人类的证据时，我们将尽可能地使用生物证据，否则，我们最终将没有任何信心说任何话。

有大量的研究对比了流动群落和定居群落的生育率，并且，更重要的是，有一些研究描述了生活方式由流动向定居改变所带来的
71 效应。所有研究都表明，定居群落明显有更高的生育率。但是，对我们来说，大部分研究的价值是有限的。例如，舍费尔的研究显示，随着爱斯基摩人并入大规模的定居聚落，他们的生育率发生了暴涨，“从 20 世纪 50 年代中期的 4‰上升到了 10 年后的 6.4‰”（Schefer，1971：16）。但是很难弄清楚到底是什么原因导致了这个变化。这些爱斯基摩人靠政府补贴迁入了固定的聚居区，并获得了他们之前无法得到的食物。让他们脱离传统的食物资源，迫使他们改变了全部的生活方式。虽然舍费尔想把这种生育率增长很大程度上归结为由人工喂奶与随之缩短的产妇哺乳期所致，但是许多营养、心理和文化的变化也同时进行着。

在生活方式从游牧到定居的改变所带来的效应的研究中，也许李（Lee，1979）所做的研究最为认真细致。许多年来，他走访并研究了南非卡哈拉里沙漠的昆族布希曼人（!Kung bushmen）。从 1963 年到 1973 年，这个地区的总体人口朝着定居生存者越来越多这一方向缓慢地变化着。在这个相当短暂的时期里，生育间隔期已经发生了明显的变化。其中，前五年和后五年的生物间隔期具有显著的差异。在前五年中，女性更多以游牧的方式生存；在后五年中，女性更多以定居的方式生存。通过结合以下因素可以看出其中最大的不同：从 1963 年到 1968 年，更多女性以游牧的方式生存，在这段时间里，女性的平均生育间隔期为 42 个月；而从 1968 年到 1973 年，更多的女性以定居的方式生存，在这段时间里，女性的平均生育间隔期只有 30 个月。

由于李的研究所涉及的时期比较短，因此根深蒂固的文化传统并没有发生变化（例如性交禁忌得以持续），这些传统有其自己的生命力。李（Lee，1979：325－330）在其研究中呈现了一个非常精彩且十分具有说服力的论证，这一论证得到了资料支持，即生育间隔期的变化与由于群落走向定居而能为更早期的婴儿提供辅食恰好存在某些关联。

在人类群落的历史长河中，大规模营地的首次亮相与定居生存本身相关。随着世代繁衍和人口的增加，人类不得不扩大他们的聚落。此外，对于聚落的居住者来说，人口增长并不是骤然或剧烈发 72
生的，不是每隔十年或多少年增加一两座房子。

这个过程不会是一个短暂、简单的现象，当然，过去也不是。这些已发现的聚落遗址可以追溯到公元前 8500 年到公元前 7500 年，它们比纳吐夫的营地规模更大。例如奥伦河（Nahal Oren）遗址，虽然它是这一时期面积最小的一个遗址，但它也有 2000～3000 平方米。基比亚（Gilgal）、阿斯瓦德（Tel Aswad）、纳提格都（Netiv Hagdud）和姆列比特 3 号（Mureybit III）后期的营地也有 8000 多平方米。而在同一时期，杰里科营地则有 40000 平方米，这个面积是十分惊人的，据估计，当时有 1000 多人居住在那里。正如巴尔-约瑟夫所说的："这个趋势自纳吐夫开始……不断地延续并贯穿了公元前 9000 年至公元前 8000 年。这是发生在黎凡特史前时期的最明显的文化变化。"（Bar-Yosef，1982：30）

然而，这整个文化图景很容易给人造成一种错误的印象。这些群落选择并顺利地全年居住在一个地方，其人口不断增长，但这并不代表着在那几千年所有的人类生活方式都是这样。大部分人可能继续以流动的生存方式为生，从他们冬天的营地迁移到夏天的营地。并且，让我们再次提醒自己，无论是定居的还是流动的群落，他们都一样，继续依赖猎捕动物和采集野生植物作为食物。并没有任何存在于公元前8500年之前的粮食生产证据，并且随后1000年中存在的证据也还存在争议。

但是，定居群落仍然需要我们的关注，因为定居生活方式在世界各地越来越盛行。人口增长给定居聚落带来了重大的影响。一个理想的营地，可以毫不费力地使大约50个人的群落得以在此定居生存。随着人口的缓慢增长，开采食物资源的效率逐渐提高，对可贮藏食物的依赖增强，则这个营地大概可以容纳150个人。但是，这个营地对于容纳200～300人（甚至更多人）的群落来说，可能不再理想，甚至不再是一个可能的营地。

在定居生活了几个世纪之后，聚落可能很难轻易再分裂成两个或更多的群落，他们不像流动群落那么容易分裂。在非正常情况
73 下，流动群落如果大到不利于食物采集，他们则在季节性地搬到新营地的过程中，轻易地把一个群落分为两个家族群落，毕竟，无论如何，他们所流入的新营地，都需要建造新的居所或重新建造居所。而在定居的群落中，如果出现这种情况，谁走谁留的问题将会变得非常严重。当然，这是可能发生的。一些子群落很可能“生根发芽”并为自己建立其他合适的营地。定居生存回归到流动生存似乎是不可能的。经历了大概20代人的定居生存，他们是否可能回归到流动的生活？有多少生活习惯已经改变了？有多少事情已经被遗忘了？与回归到流动生存相比，通过这样那样的方式去努力负担自身所积累的人口，则显得更有可能。

与其他营地相比，一些营地能够负担更大规模的人口，例如杰里科。杰里科坐落于一个非常富饶的冲积平原，在两条河道之间。这两条河道每年为这个平原带来新鲜的土壤和水。此外，还有一处温泉，长年不息地为杰里科补给水源。并且，杰里科还处于高山和低地附近。因此，这个营地的人口规模能够增长到非常大。而另一方面，埃南营地的人口规模则从来没有超过 150 人。大约在公元前 9000 年，这个营地便被废弃了。

人类有能力而且显然也倾向于在没有约束的情况下生息繁衍。在这一点上，他们与其他动物没有任何区别。而如果他们没有表现出这种特征，则可能令人感到惊讶。多产和成功地繁殖与物种的生存息息相关，这种特征并非存在于所有已经成功进化的有机体中。一个不热心于繁衍的物种大概可以在非常温和的条件下暂时存活，但即使是偶然的不利情况，也可以轻而易举地使它走向灭亡。

众所周知，任何物种的种群规模都会受到与其他物种竞争食物资源的制约，受到掠食者的制约，受到可食用的食物资源的制约。如果种群规模的增长超出了生态环境的容纳能力，那么种群的死亡率也会迅速上升。但对人类来说，情况并非如此。人类早晚会找到或发明解决这些难题的办法。他们不受任何气候或地域的限制：他们可以在任何他们所选择的地方生活。他们通过发展新的食物和烹饪方式扩大了食物来源；通过发明工具和设置陷阱极大地提高了狩猎效率。而且，除了其他人种之外，人类并没有真正意义上的掠食者。

在很长的一段时间里，人口规模受其内部的生物机制制约，且 74
无疑受制于某些为保持流动的必要性而发展出来的文化活动。毋庸置疑，这个情况发生在人类进化的数百万年之中，并随着现代人[1]的出现而得以延续。它们可能相关，也可能无关。但萨斯曼（Sussman，1972）指出，生活在野外的现代大猩猩，一般有四到五年的活产间隔期，和人类流动人口的间隔期非常相似。

舍弃流动的生存模式而转向定居生活，极大地消解了人类繁殖的内部生物制约。人类种群规模开始急剧增长，并成为一种反复被“解决”但始终与我们共存的难题。

在解决那些不经意带来的问题上，人类往往很有天赋。我们所讨论过的，早期食物生产难题的解决办法，像我们大部分的解决办法一样，给生存带来了进一步的问题。

① 译者注：即晚期智人。作者在本书中将晚期智人都称为现代人。

第七章
迈向食物生产

人类开始认真地尝试生产食物，而不只是通过猎捕或采集来获 75
得食物，其确切的时期并不能真正确定。首先，从人类开始生产食物到考古学家挖掘到可识别的粮食残存，这之间过去了许多年。其次，如果只在小范围内实现食物生产，那么农业活动的证据可能也不复存在。因此，定居者在公元前 8000 年到公元前 7000 年之间是否开始生产粮食，仍存在争议。但是，在西亚许多营地中，人类明显会有意地生产食物：种植、管理并收获谷物，饲养并宰杀驯化的动物。但在公元前 5500 年，他们自己生产的食物在定居聚落所消耗的食物中占了绝大多数。

如果我们将自己从我们通常认为理所当然的、好的、明智的、有利的、正确的东西中抽离出来，那么，我们会发现，从效率与便捷的角度来讲，粮食生产的意义其实微乎其微。与在野外采集植物、猎捕动物相比，耕种植物、养殖动物要费力得多。在一篇被广泛引用的文章中，哈伦描述了他是如何制作出一把用于收割野麦的石刃镰刀的，这把镰刀和 9000 年前的一样。用这把镰刀，只需一个小时他便能采集到一千克干净的谷物。因此，他估计，一个有经验的家庭，在三个星期中，“干活不用太卖力，也可以采集到足够一家人吃一年的谷物”（Harlan，1967：198）。而且，与人工培育的品种相比，野麦的蛋白质含量更高。

野麦显然不是唯一可食用的食物。在适当的季节里，也可以轻而易举地采集到应季的水果、坚果、野菜、大麦和其他许多可食用的植物性食物。通过捕鱼和狩猎也可以毫不费力地获得充足的食物。一些仍以狩猎和采集为生的现代群落，即使被推入非常边缘的
76 居住环境中，他们也一样能安居乐业。沙尼翁和黑姆斯（Chagnon and Hames，1979）通过计算发现，仅靠狩猎和捕鱼，当今这些群落便能摄入足量的蛋白质。而居住在 9000 年前的人类，他们的狩猎和捕鱼效率可能和现代群落一样，而且他们的居所附近可能有更丰富的野味。

食物生产对于人类进化来说，是非常重要的一步。一旦这一步得以确立，便无法再回头。它是一个不可逆的过程。这一步是如何发生的？为什么会发生？为什么得以延续？最初的尝试、发明和实践，最终走向了食物生产，这之间经过了相当长的一段路。因此，我们将把目光投向最早的时候，看看能不能回答这些问题。尽管生产动物性食物和植物性食物的动机和目的是一样的，但动物和植物终究属于不同的故事，因此我们将分别讲述这两个故事。

首先是动物。获得食物所要解决的问题不仅仅是找到它，在获得动物性食物的过程中，还需要猎杀它，把它带回营地。此外，还存在一个连锁问题，那就是保存它。如果有人杀死并带回来一些猎物，比如两只瞪羚，对于这个群落来说，可食用的肉并不取决于这两只瞪羚有多少肉，而取决于在这些肉变质且不再可食用之前，他

们能吃掉的肉有多少。因此，人类在寻找保存食物的方法上投入如此巨大的努力，并不是一种偶然。远在15000～20000年前，人类已经发明了有效的干肉和熏肉技术。

但是，智慧的人类肯定很早就发现了一种更完美的方法来保存肉。这种方法就是，不要杀死动物。与直接杀死两只瞪羚相比，俘获两只瞪羚的好处更多。在准备杀它们之前，可以把它们拴起来或者关起来，可以一次只杀一只。而且在准备吃掉它们之前，让它们继续活着，这几乎不费什么事儿。瞪羚、鹿、山羊、绵羊和牛都不会和人类争夺食物。它们可以吃（并且也确实吃）人类所不能消化的纤维素。这些肉能为人类所消化的动物，拥有发酵纤维素并分解这些发酵物的内在机制。所以，俘获动物并把它们拴起来之后，只要让它们在人类不太在乎的植物附近吃草，就能养活它们。

那些寻找证据的人证明，上述做法显然是确实存在的。斯特迪 77
通过广泛分析大量可以追溯到末次冰期的德国遗址，总结了猎杀驯鹿的做法。他的结论是："人们在住处附近分开饲养一季所需的动物，并时刻注视着这些动物原先所在的兽群的动向。"（Sturdy，1973：93）

巴恩认为，在欧洲西部，俘获动物并在一段时间内饲养它们，这种做法十分普遍，可能甚至可以追溯到智人时期。他断言，一些马头或驯鹿的雕刻表明，人们可能会用"挽具"来约束和控制动物。他也指出，在所发现的动物头骨中，有一些动物"以非常精确的方式被宰杀，这表明动物肯定是在被人控制的情况下被杀死的"（Bahn，1978：189）。最有说服力的证据可能是，人们发现马的牙齿以某种方式磨损，而这种磨损从来没有出现在野马的牙齿上：

“只出现在被‘长期约束’的马身上，例如被拴住或被关在马厩中，这会磨损它们的牙齿。”（Bahn，1978：189）在任何动物被“驯化”之前，俘获与保存动物性食物的相似做法便得到了广泛传播。

从这种巧妙的保存肉的方式到畜牧的最基本形式，其实只跨越了很小的一步，并且这一步看起来毫不费力。在赶拢动物或者准备宰杀动物的过程中，有时会出现动物分娩的情况。因此，通过延缓对雌性动物的宰杀，人们可以轻而易举地增加可以食用动物的数量。他们显然也会继续猎杀和俘获动物。猎人们找到了一个几乎不需要付出额外努力就能增加肉类产量的办法。

不难想象，人类群落越来越多地利用这种毫不费力的方法贮备他们的肉类来源。很快，这种贮备方式在各地逐渐成为我们所认为的畜牧业。人们开始饲养成年的雌性动物。这种饲养，不是为了最终将其宰杀作为食物，而是为了繁殖新的可食用的动物。但是，这种缓慢的甚至可能无法觉察的变化，需要人们认识到一些动物的圈养繁殖情况比另一些动物的更好（获得这种认识并不难）。

自然，能够顺利圈养繁殖的动物逐渐成为人们的首选，尽管那
78 时候聚落主要还是依赖最丰富和最容易猎捕与俘获的动物。我猜想，这种西亚常见的动物，其圈养繁殖效果并不好。这个猜想起源于，在整个黎凡特地区，从最早的凯巴拉时期（公元前 17000 年前）到纳吐夫时期再到前陶新石器时期，肉类的主要来源几乎都是瞪羚。但是，随着首个驯化动物证据的出现，主要的肉类来源就变成了绵羊和山羊（包括野生的和家养的）。（Bar-Yosef，1982：fig 11）

其次是植物。植物驯化的起源同样可以往回追溯很远，远到最

早把谷物当成食物的时候。而通过现有的证据，我们可以推断，在比公元前 15000 年更早之前，人们便开始研磨谷物的谷粒。用于研磨的石头和石器拥有由于割草而造成的光泽，这构成了上述推断的主要证据。（Bar-Yosef，1980）而在一些地方，例如在奥伦河的凯巴拉（Van Zeist，1976）和库班尼亚干谷（Wadi Kubbaniya）（Wendorf and Schild，1980），偶然发现了可以追溯到很久之前的谷物，则巩固了这个推断。

在最初食用谷物的时候，谷物只是某些地方的一小部分食物来源，并且很多遗址都没有任何食用谷物的证据。可能有人会困惑，为什么人类会将小麦和大麦当成食物。毕竟，以它们为食物，不仅需要收集它们的种子，而且需要去除谷皮，把它们晒干，另外还需要把它们碾碎。作为一个有意的行为，丰富食物来源是其可能的一个原因。这可能充分反映了人们对多种口味的偏好。例如，就像看到有人吃带壳的向日葵籽，我们也会困惑，为什么他们要这样做，毕竟他们显然不是为了食物的营养价值才这样做的。

不管这个原因是什么，显而易见的是，在人类高度依赖谷物之前，纳吐夫时期的黎凡特人食用谷物的历史，至少已经持续了5000～6000 年。不难想象，在这个漫长的时期中，人类可能再三地发现，他们可以（只要他们想）有意地种植大麦和小麦的种子，并决定大麦和小麦在哪儿生长。由于在尝试、探索和管理上所无法遏制的欲望，人类可能尝试了多种种植粮食的方法。

事实上，温道夫和希尔德（Wendorf and Schild，1980）坚信，
他们发现了有意耕作的证据，这个证据可以追溯到公元前 16000 年 79
前。他们在尼罗河流域（Nile valley）的干谷营地中发现了烧焦的

大麦和小麦的谷粒。他们坚信，野生大麦不可能在那个自然地生长。而且，显微镜检验表明，这些谷粒和驯化品种的谷粒是一样的。这些烧焦的麦粒是驯化的而不是野生的，其证据可能不够充分，但这些证据是合理的。温道夫和希尔德充分地阐述了这些证据的可信度及其在多大程度上仍会被怀疑：

> 库班尼亚干谷（Wadi Kubbaniya）的某种谷物（单粒小麦）仍属于小穗轴。施特姆勒（Stemler）和福尔克（Falk）通过电子显微镜扫描，对比了这种谷物与野生的和驯化的小麦样本。它们的图像表明库班尼亚谷粒样本的底部并没有光滑的离区[①]，却像驯化的品种一样，有突起的粗糙断口。*但野生小麦的离区，在谷粒成熟之前并不完整，所以青收的野生小麦和驯化小麦的底部都会有和库班尼亚谷粒标本一样的粗糙断口。*（Wendorf and Schild，1980：276）

总而言之，他们总结道：综合考虑多个因素，库班尼亚的这种谷物属于驯化的品种，属于人们种植、收割的谷物。如果他们是对的，并且他们的论据是充分的，那么，甚至在18000年前就已经有一些群落开始生产少量的粮食了。我们无法说清粮食生产在那时候到底有多频繁，尽管我猜可能很频繁。在这一地区，谷粒化石的保存条件不太好，因此，尽管在这个地区最有可能开始粮食生产，但直到最近，考古挖掘者也没有发现决定性的证据。但我们接受这个事实：人类一旦开始食用谷物谷粒，他们便会开始有意种植谷物的

① 译者注：指植物器官（如叶、花和果实）脱离母株的特定组织部位，如在叶柄基部一段区域中经横向分裂而形成的几层细胞。

尝试，毕竟这是人类的特征。

很有意思的一点是，在这个大约 10000 年的漫长时间里，谷物的食用和可能偶然发生的有意的培育尝试，并没有使粮食生产实践的规模变大。即使群落定居之初、对谷物的依赖明显提高时，他们也仍然倾向于采集野生谷物，而不是自己种植、照料、生产谷物。 80
事实上，粮食种植的产量非常低，并且需要投入更多的劳动量。种植粮食的唯一好处在于，可以缩短寻找野生植物的时间，并且可以在营地附近更密集地种植小麦或大麦。尽管在一块给定的土地上，人工种植与没有人为干预的自然生长相比可以播种更多株谷物，但是，野生谷物的幼苗已经足够密集了，而人工粮食生产还需要清理土地、种植和料理等一系列努力。此外，如果他们打算生产粮食，他们将需要种植和收割超出他们所需的粮食。为了下一年的粮食种植，他们还需要妥善保存这一年中很大一部分的粮食收成。

从这一点看，在 10000 年的时间里，人们虽然食用却并不以持续的方式认真地进行粮食种植与生产，这也是合乎情理的。但我们知道，他们最终确实开始生产食物了。可以追溯到公元前 7000 年的出土物表明，在西亚发现了动物性和植物性食物生产（至少是小规模的生产）的大量线索。但是，其主要食物资源依然是野味和野生作物。在大多数情况下，有意生产的食物在所有食物来源中所占的比重大概不超过 5%或 10%。不过，在公元前 6000 年，食物生产的重要性便得到提高，并且有意生产的食物逐渐成为主要的食物来源。

这是如何发生的？为何会发生？是什么原因导致人类在排斥食物生产这么久的情况下，最终投入并坚持自己生产粮食？正如你可能想到的，这并不是一个新的问题。人们对此也提出了许多解释。食物生产一度被看成是一个革命性的事件，它为人类带来了可靠、稳定且充足的食物资源，使人类得以安定下来并发展出更庞大的社会群体。正如布莱德伍德和豪在1960年所说的那样："农业村落共同体的出现，意味着文化历史的转折，这对随之发生的事情，具有重要的意义。在此之前，是50万年的野蛮时期。在50万年中，一小群一小群的人四处游荡着……过着一种'自然'而又漫无目的的生活。"（Braidwood and Howe，1960：1）

我们知道，人们在自己生产食物之前很久就定居下来，他们的食物来源十分充足，食物生产对他们来说也远不是一个突如其来的
81 事件或一个完美无瑕的恩赐。如今不再有人持有这种观点。因此，解释的性质发生了变化。一些人强调粮食生产发展的缓慢特征，认为对此无须过多解释。例如，霍克斯认为："就我所列出的农业三阶段而言，这三个阶段并不存在任何诱因。……其过程一旦开始，便几乎自发地发展。……采集不知不觉地变为收割，随之再变为种植。"（Hawkes，1969：27）尽管这个过程如此缓慢，但还是有人想弄清楚，它是如何发生的以及它为何会发生。

近来，存在这样一种趋势：越来越多的人基于生态压力对食物生产的转变进行解释。看法最清晰、最极端的莫过于科恩（Cohen，1977），他认为食物生产的发展是由人口增长所引起的食物短缺导致的，并通过解释先于农业的食物来源的多样化来进一步巩固他的观点。他认为，食物来源多样化表明，食物短缺迫使人们接受在食物充足时不会接受的食物。其他人，例如宾福德（Binford，1968）和弗兰纳里（Flannery，1969）则以没那么极端的方式提出了本质

相同的解释。他们认为粮食生产不会发源于位置理想的营地，而会首先从居住在边缘位置的群落中展开。这种观点同样认为食物短缺激发了粮食生产，只不过它仅强调局部的食物短缺。

这些着眼于食物来源危机的解释，可能有接近真相的成分。但如果考虑到农业的起源，这些解释则又存在自相矛盾的地方。动物性和植物性食物的生产，不可能在食物严重短缺的情况下开始，它只可能在食物充足的情况下展开。在黎凡特，这一点是非常清楚的。在地中海气候的地区，定居群落得以建立并开始农业生产，而更边缘的荒漠地区则继续延用狩猎与采集的生活方式。

在食物不充足的地区，人们不会拿重要的食物来源做生产尝试。换句话说，食物生产需要相当数量的食物盈余。为了下一年产崽而被留活口的动物和为了下一年播种而被保存起来的种子，它们都是可以吃但不能被吃掉的食物。试想一下，一个面临严重食物短缺的群落，他们怎么可能不吃任何可吃的食物而宁愿忍饥挨饿呢？人们不会这样做的，除非可能有武力迫使他们这样做。事实上，在饥饿的时候吃掉任何可吃的食物，这种做法是造成某个地区饥荒的 82
一个原因。而如果得不到外力援助，这种饥荒则往往会成为持续多年的长久问题。处于食物短缺之中的人们，往往会吃光他们的种子储备和育种动物，这导致其食物资源在随后几年都难以恢复。

几千年来，植物性与动物性食物生产的涉猎与尝试，的确只发生在食物充足的年景中。人类的好奇心推动着这种尝试，控制食物来源的诱惑也强有力地促进着这种尝试，至少在我的概念里，这是人类动物性的本质。但如果考虑所有因素，那么几千年来，拥有充足食物的人类群落，由于具有风险的农业生产的价值所在而没有长期坚持农业生产，这也是不足为奇的。

人类为何没有从事农业生产而倾向于依赖野生动植物？对于这个问题，我们在前面几页的论述中，似乎已经提出了一些合理的解释。但是，我们并没有理解这个问题的悖论，也没有解释为什么人们最终不约而同地开始生产他们自己的食物。在食物生产发生的时候，野生食物的来源依旧充足。如果食物是充足的，那么人们为什么会投入额外的体力和脑力来生产食物？为了解决这个问题，我们先考虑一下生产植物性和动物性食物的特殊益处，尽管这种益处可能是微不足道的。野生动物在自然中自由地漫步，它们不像圈养动物那样密集地聚在一起，可以成群地为人类所猎捕。不过即使是圈养动物，其数量也取决于它们的野外食物（即自然生长的植物）总量。当然，只要用于食物生产的圈养动物规模不太大，其密度无疑是更大的。因此，小规模的畜牧业可以扩大一个小地方的食物来源。

植物性食物生产所带来的益处恰恰也是如此。与野生品种的自然生长相比，通过种植与照料，可以栽培株数更多的小麦和大麦。这同样可以从密度上扩大一个小地方的食物来源。每单位土地上有更高的产量，这便是食物生产的全部好处。但我们所谈论的西亚地区，那时候它的人口规模并不大，它的土地资源也并不紧缺。随后，食物生产的其他优势显现了，但是这些优势几乎是偶然发生的：它们需要时间来显现，且它们对农业的起源也没有影响。

83 例如，最初饲养绵羊并不是为了获取羊毛。野生的绵羊并没有很多羊毛，它们身上是又粗又长的绺状毛发而不是光滑绵密的绒毛。经过许多代的圈养繁殖之后，驯化的绵羊才形成羊毛状的皮毛，而其原因则无人知晓。另一个例子是，与野生小麦相比，驯化小麦的蛋白质含量更低，但其谷粒更大，因此极大地增加了每单位的粮食产量。而在驯化条件下最终出现的六棱大麦，其所能提供的食物显然也比野生的二棱大麦更多。但这些变化都是经过了许多个世纪才出现的。

我们将把这种发生在将来且当时未曾预料到的好处放在一边，只关注每单位土地生产更多食物这一优势。这一优势可能确实非常关键。直到在世界上的一些人类群落全年在一个地方定居之后，食物生产才出现。而那些定居人口的规模则增长到前所未有的程度。这种未曾预料到的当地人口增长，使得定居地区的食物资源变得紧张，即使在位置特别理想的地区也是如此。当我们持有这种想象时，应当牢记我们所想象的地区是怎样一个地区。人口增长首先使得人们需要去更远的地方采集和狩猎。这些更远的地方可能不太容易到达，但仍可以到达。在这样的条件下，即使从更加广阔的地区采集和狩猎可以提供丰富的食物，在定居区附近增加每单位土地的粮食产量，看起来也仍然非常有吸引力。

最初，额外的负担也没那么重。这些人并没有改变他们的生活方式。他们仍旧是食物的猎捕者、采集者和贮藏者：没有其他可能的特征。食物生产可能可以为他们提供5%的食物。简言之，有意生产的食物非常少，其产量可能只够满足当地人略微缩小狩猎和采集的范围，使其变得更容易到达。从整个聚落来说，这种小规模的农业所需的劳动是非常少的，而继续农业生产所需的食物盈余，其所占的比例也不会太大。而在糟糕的年景中，他们则只需再次扩大狩猎与采集的范围即可。

农业生产并不像解决紧急问题的灵丹妙药那样，突然地出现在历史舞台上。驯化动植物最早的清晰证据，大概可以追溯到公元前
84 7000 年。但这并不意味着农业起源于此时。驯化的品种逐渐形成突出的形态特征，以便人们将其标定为驯化的而非野生的，因为这个过程需要相当长的时间。在农业中，没有什么是一蹴而就的。困难与问题慢慢地变得越来越明显。从食物生产第一个已知的开端到其得以广泛传播并为定居聚落提供 40%～50%的食物来源，这之间至少过去了 2000 年。而且，可以肯定的是，那时还有许多人生活在小群落中，他们需要季节性流动，并通过狩猎和采集获得所有食物，尽管我们不知道他们占了多大比例。

然而，我们还是没有解决问题，我们并没有化解食物生产的悖论。就像说“这需要很长一段时间”一样，“在 2000～3000 年间缓慢地发生了一些事情”这种说辞什么也解释不了。为什么食物生产得以传播？为什么它逐渐成为人类群落的主要食物资源？考虑到农业所带来的问题，其解决办法可以说是一种十分荒谬的做法。随着人类对肉用家畜的日益依赖，畜群的规模必然也需要扩大。这么多的动物不能一直都在村庄附近吃草。它们也需要从一个地方向另一个地方流动（至少是季节性的），否则，人们将需要为动物找食物。最终，人们开始生产一些用来喂养动物的食物。由此，肉也随之变成人类最贵的一种食物。就像有人（不好意思，我忘记是谁了）曾和我说的那样，生活在当下的人类，很大一部分是非自愿的素食主义者。

对驯化谷物的日益依赖，也带来了一些问题。生长着各种野生植物的土地、主要的丘陵地区，不一定是最便于生产粮食的土地。

适于农业生产的土地变成了一种稀缺资源。当人类诉诸人工灌溉来提高农作物的产量和稳定性时，合适的土地变得更为稀缺了。此时生产粮食所需的劳动量大幅增加，而组织化劳动力需求也随之出现了。

所有这一切都以一种缓慢的、不知不觉的方式发生着，以至于甚至没有人注意到它。更有可能看到的是，有两个因素共同促成了这种进步的不可逆性。局部人口的持续增长，促使人们越来越依赖 85
每单位的土地所能提供的农业产出。但更重要的是，正如我们在下一章中将看到的，由于农业会带来经济变化，因此，农业一旦开始，即使它只是在相对小的规模内发展，从原则上来说，其过程也将是不可逆的。即使人口规模急剧缩小，农业生产也会不时地发生在局部地区。人们不会轻易地回归到猎杀野味和采集野生作物的生活方式中。

食物生产的影响是难以预料的，并且这种影响在很大程度上也是无法预见的。它将给人类的生活方式带来持久的变化，也将对他们如何组织他们的聚落产生影响。

第八章
粮食生产的结果

86 如今有许多人把农业生产，包括植物和动物的生产，看成一场对人类十分有益的革命。它确实是一场革命，但它是否对人类有益则仍存在争议。实际上，随着农业活动的持续与发展，农业生产不再是一个简单的、轻松的、有益的过程。同时，随着食物生产增加所带来的难题得以解决，或其所带来的影响得以最小化，食物生产又带来了新的难题。尽管有些新难题的形成经过了几百年甚至几千年，但其他很多难题则在短短几年间便得以显现。只需对这些新难题稍加留意，我们便不难提出这样的问题：既然这种做法变得如此危险且需要投入如此大的努力，那么为什么人们非但没有舍弃它，反而进一步对其进行扩展?

长期进行谷物种植与收获的认真尝试，在早期必然是一种灾难。由于人们一度依赖采集野生作物，因而他们显然不懂土地耗竭的原理。只要他们开始在同一块土地上年复一年地播种，麻烦便随之而至。除非土地位于冲击地带，洪水得以每年为土壤补充养分，否则，反复种植三到四年的收获作物，这块土地的土壤便可能变得非常贫瘠。而更久之后，土壤则将面临耗竭。我们不可能知道，人类究竟过了多久才发现土地需要周期性地休养生息。我们所知道的是，直到作物收成十分不如意时，他们才发现了这一点。而此前他们也发现，与他们先前所想象的相比，他们需要更适合的土地。弗兰纳里指出："在今天的胡齐斯坦，每年有四分之三的适耕土地处于休耕状态。"（Flannery，1969：88）

而每年降雨量的巨大变化则使得这些难题变得更为复杂。弗兰纳里（Flannery，1969）估计，如今胡齐斯坦的小麦年均产量为每公顷 410 千克。但这个平均数的构成是这样的：在好的年景里，其产量可能高达每公顷 1000 千克；而在糟糕的年景里，则可能颗粒无收。整个近东地区都是这种碰运气式的旱作农业条件。也就是
说，在大多数地方，农业并不能让人们获得可靠的食物来源。同时 87
也存在其他偶然的灾难。例如，沃森（Watson，1966）指出，她在库尔德斯坦所访谈的农民告诉她，在 1958 年、1959 年和 1960 年，他们的所有小麦都为昆虫所毁坏。早期人类群落在尝试农业生产的过程中，可能放弃了许多次，但显而易见，他们反反复复地试了一次又一次。

我们必须重复，这些拥有智慧与倾向于控制环境的人类群落，在植物性和动物性食物都十分充裕的情况下，一遍又一遍地实验并反复地尝试这种仅能为其解决 5%～10%的食物消耗的食物生产。他们在农业灾害频繁的条件下反复实验着。不过，对他们来说，这并不属于灾难。土壤衰竭、降水不足以及诸如此类的问题对他们的食物来源没有太大的影响。正如人类之前所做过的，他们尝试了各种事情，了解该做什么，不该做什么。如果只是涉及 5%～10%的食物来源，那么食物充裕的地区完全可以应付一到两个灾难性的农

业年。因为他们可以食用其他食物，也可以在更广阔的区域猎捕和采集食物。

之前所讨论的食物生产风险性其实可能还有待商榷。除了土壤变得贫瘠和土地修耕的必要性之外，难道野生作物没有像驯化作物一样面临着降雨不足、昆虫入侵或者任何其他我们能想象到的天灾的影响吗？与之相关的还有另外一点，即野生的食物来源比驯化的食物来源更稳定或风险更小。当然，我们必须审视这种说法的有效性。

首先，如果一种植物，例如小麦和大麦，在某个地区得以繁茂地野生野长，就说明这种特定的植物十分适应那个地区，并且不管发生哪种气候波动或瘟疫，都可以而且也确实能存活下来。诚然，和其他年景相比，在一些年景中，野生植株可能更密集也更广泛；在一些年景中，野生植物可能比往年向上或向下多长 100 米。但野生植物确实存活下来了。年复一年，人们将能从这种植物身上采集大量可食用的食物。

接下来，另一个问题是，有意的食物生产如何并以何种方式导致植物更容易受到环境波动的影响。农业生产通过两种方式使得培
88 育的植物更加脆弱。其中之一十分简单。野生植物最为繁茂的地区往往是不便于有意种植的地区。以小麦和大麦为例，它们在高海拔的丘陵地区旺盛生长，这个地区的温度和降水对它们来说正好适宜，但是丘陵地带的作物种植与料理往往更为费力。如果人们试图在原来植物野生的地方培育它，那么这种植物至少在最初的时候会没那么适应这个新地方。尽管这种植物在十分温和的年景里也将长势喜人，但在其他年景里则可能颗粒无收。事实是，如果野生植物

没有自发地扩散到某个特定的地区，则意味着，在野生的状态下，这种植物并不适应那个地区。如果这种植物在这个新的地区完全存活下来，则意味着自然和人类选择的过程逐渐改变了这种植物。在恶劣的年景里，那些得以成熟并结果的植物，是其基因特征使得它们存活下来。但它们的存活也是环境和人为干预的结果，这种植物仍然很可能更容易受到环境变化的影响。

农业生产对植物脆弱性的另一个作用则更为复杂。人为干预的过程意味着植物的基因将发生改变。即便是在野生植物自然繁茂的地区对其进行有意培育，也将如此。对于野生植物来说，可能存在一些得以成功播撒其种子的机制。在小麦和大麦身上，这种机制十分简单。含有种子的谷粒头部十分易碎，只要种子成熟，谷粒头部便将裂开，小而轻的种子便得以散播。而当这种野生的谷物谷粒为人们所采集时，它的这种特征会保持，甚至会得到增强。在成熟之后，这些植物的种子头部会变得越来越坚硬，而这些成熟的种子更有可能被人类采集，人们将它们从众多种子中挑选出来，并用于再次种植。

然而，由于有意地培育，这个过程将会自动颠倒。这些由培育者种植的种子，显然是他所收获的那些种子，也就是那些头部更坚硬的种子，并且可能是那些颗粒更大的种子。因此驯化的小麦和大麦在形态上和基因上都与它们的野生祖先们有所不同。这一点非常
明显，并且也有事实支持。这些谷物的驯化品种有颗粒更大的种 89
子，当其成熟或当收割时，它们的种子不会四处散播。但是，这些驯化的品种为什么没有野生植物那么顽强？因为无论环境如何变化，野生植物必然会根据其在自然环境中的耐受性直接选择自身进

行繁衍。如果要将野生植物改变成驯化品种，则这个选择过程主要受人类支配，取决于人类最想收集哪些种子并加以种植和料理，而植物自身的耐受性在其中只发挥部分作用。因此这个选择过程并不能够保证植物的顽强性。

但我们还是没有回答为什么谷物的有意培育不仅得以持续，而且变得越来越重要（考虑到谷物在人类植物性食物消耗中所占的比例也越来越大)。农作物歉收对于主要依赖野味和野生作物为食（依赖度为90％～95％）的聚落来说，并不会成为灾难；但对于更依赖培育作物（比如依赖度为40％～50％）的聚落来说，影响则将更大。诚然，在人类如此依赖农业之前，他们已经习得了更多关于如何顺利进行农业生产的知识。但灾难无疑将继续发生。为什么农业变得如此危险？这个问题的部分答案在于定居人口的持续增长。在定居地可及的范围内，每单位土地获得更高的产量变得越来越有必要，而如果农业生产顺利，那么农业将提供这种优势，尽管它需要付出大量的劳动并承担相应的风险。

但这并不是谷物培育变得重要的唯一因素，甚至不是主要因素。此外，农业日益发展，是因为农业对植物生长与繁衍的人为干预，这个过程一旦开始，便无法从本质上逆转。驯化植物，试着寻找一些方法以便更有效地改善与控制来自这些植物的食物来源，在这些过程中，人类有效地改变了他们所居住的地区中这一野生动物的自然分布。

驯化的植物和野生植物很难和平共处。如果没有人类的干预，只靠它们自身，那么野生动物将迅速泛滥并取代驯化的品种。对人类培育者来说，这表明那些他们已经驯化的植物的野生品种，变成了一种杂草。为了驯化植物的繁荣生长，他们必须根除定居地附近的野生品种。在几百年的过程中，人类群落不再有机会去选择自己 90
生产还是采集小麦和大麦。因为这些谷物的存量大减，而野生品种也大量消失了，如果想获得这些谷物便只能动手培育它们。如果有人还想获得这些谷物，那么他们的愿望一定非常强烈。

培育小麦和大麦的结果并不局限于清除这两种谷物的野生品种。正如弗兰纳里所指出的，对于其他任何野生植物来说，“只要它们有和小麦与大麦一样的生长季节……并且会争夺谷物所需的低度盐分的冲积土……它们便会被认为是杂草而被清除，以为培育谷物腾出生长空间”（Flannery，1969：88）。这种总体后果不仅导致谷物生产变得必要，而且减少了人们植物性食物的可食用种类。

我们应当牢记，那些长期看来显而易见的变化，从短期来看可能并不明显。在此，我无意讨论那些骤然的变化或短暂的时期。在西亚，从长期培育植物的最早开端，到培育的小麦和大麦成为人类食物来源的重要组成部分，这之间经过了 2000 多年。并且，在这一整个时期中，来自野生作物的食物变得越来越少。人类并没有自愿地放弃野生食物资源。事实上，他们继续依赖它们，而其依赖程度则取决于有多少可食用的野生食物。弗兰纳里（Flannery，1969）举了一个十分有意思的例子。在伊朗，有一种带着可食用豆荚的植物，这种植物不会和谷物竞争。这种植物也即牧豆树。它在与谷物不同的季节里成熟，并且属于深根系植物，所以它甚至能在耕犁之下存活。和其他野生植物相反，在公元前 7000 年前到公元前 5500 年前，人们增加了对这种野生植物的食用。

为了进行总结，我们需要再次思考这个问题：食物生产为食物的采集带来了什么优势？从长期来看，食物生产并不能保证更稳定的食物来源。相反，从好的年景到糟糕的年景，食物来源的波动变得更大，并且食物的种类减少了。食物生产也没有使食物的获得更加容易。与寻找长势最好的野生谷物并将其收割相比，耕地或锄地、栽培、除草、收割这一系列的操作需要投入更多的劳动。食物生产也没有使日常饮食得到改善：与驯化的植物相比，野生品种含有同样丰富或者更为丰富的蛋白质。正如弗兰纳里所总结的："谷物培育唯一的好处在于，它提高了土地的承载能力，提高了每公顷土地的谷物产量。"（Flannery，1969：86）因此，聚落的规模得以
91 扩大。但是，在一个营地附近可以生产更多的食物，这并不是谷物培育的主要诱因，而是谷物培育的结果。困难也相应地增加：土地休耕的必要性和适度与适时降雨的不确定性，极大地增加了旱作农业的风险。随着谷物成为一种更重要的食物来源，随着野生植物食物可用性的降低，随着村落规模日益增长，这些风险自然也进一步增加了。人类于是进入了这样一个时期：旱作农业不能解决问题，作物歉收成为一种灾难。

在解决问题上，人类始终是智慧的，尽管解决问题的办法往往会带来其他意料之外的问题。为了消解旱作农业的风险性，他们发明了灌溉的方法。但不是所有地方都能采用密集灌溉。因为密集灌溉需要带有河流的冲积平原。埃及的尼罗河流域，由于每年定期的洪水为其带来了天然的灌溉，因此它是密集灌溉的理想之地。在西亚，由于河流带着来自扎格罗斯山脉的溪水横贯整个低地，因此这个地区也适于灌溉，尤其是底格里斯河和幼发拉底河（Tigris-Euphrates）沿岸的美索不达米亚南部谷地。这些易于灌溉的地区，自

然而然地成为首个出现“文明”的地方：尼罗河沿岸、底格里斯-幼发拉底河流域、印度的印度河流域（Indus valley）和中国的中原地区。

在灌溉不利的地方，其对农业的依赖则带来了巨大的问题。在这一点上，见证了农业起源的黎凡特地区是一个很好的例子。根据巴尔-约瑟夫在一次讨论中所说的，证据日益表明，在公元前7000年后期，黎凡特南部面临着干旱与降雨量减少的问题。这使得这个地区的旱作农业遭到了破坏，并真正结束了该地区这一时期的农业村落聚居区的发展。在更多雨的安纳托利亚[①]北部地区，这种主要依赖旱作农业的定居地得以继续发展。而对于居住在黎凡特日益增多的定居村落的人来说，这个时期则给他们招来了相当长时间的苦难。

灌溉的确为解决谷物培育的难题提供了一种办法。与依靠自然降水相比，通过运河为耕地从河流中运水，不失为一种更可靠的方法。在美索不达米亚的河流平原中，这种办法尤其成功。在那时，
大部分地区都靠这种方式灌溉。为土地从河流中运水的运河，一步 92
一步地增加了水源的距离，并最终在土地上形成了纵横交错的运河网。

美索不达米亚南部谷地生动地说明了这种灌溉方法的成功及其最终的失败。在灌溉的帮助下，每公顷土地的产量甚至比旱作农业的产量更高，而人口的规模也得以进一步扩大。组织合作化的劳动力变得尤为重要：运河需要挖掘、维修和疏浚；谷物需要在适宜的

① 译者注：亚洲西部半岛小亚细亚的旧称。

时节大面积种植；所有的作物收割都必须在短暂的三周之内完成。因此，美索不达米亚见证了一个最早的高度结构化的社会，即苏美尔（Sumer），这并不是一种偶然。

谈到灌溉的失败，可能产生事实的歪曲。灌溉作为一种有效的解决办法，在 2000 多年的时间里，多多少少是一项伟大的成就。但它也存在问题。野生植物食物变得更为匮乏，小麦和大麦则成为具有支配地位的主食。但土地面临着两个问题。正如赫尔贝克所认为的："随着地表泥沙淤积的增加和运河与田地相应水面的水分蒸发，耕地中的化合物发生了根本性的改变；而地平面的逐渐抬高也导致可用于灌溉的水量减少。"（Helbaek，1969：194）

淤泥与随之而来的耕地高度相对高于河流，造成从河流中为土地运水的难度越来越大。而更为糟糕的后果是，淤积和蒸发使得土壤盐分含量增加。渐渐地，一些土地因盐分变得过高而不再适宜耕种作物。小麦对于盐化土壤的耐受程度更低，所以在 2000 多年的过程里，小麦作为一种农作物，在美索不达米亚几乎绝迹了。它只在刚刚形成灌溉农业的新土地上生长。在很长的一段时间里，大麦都是这个地区的主要作物，但如果土壤的盐分变得太高，那它同样也不再生长。"从长远来看，大麦也以失败而告终，并且这整片土地几乎都荒漠化了。"（Helbaek，1969：195）

到目前为止，我都集中于讨论谷类作物的培育，但畜牧业也是食物生产的组成部分，也需要我们的审视。正如之前所说的，畜牧业的发展可能更容易。俘获动物并圈养繁殖，使其作为一种食物的贮藏方式，发展为畜牧业，这个过程几乎毫不费力。事实上，驯化动物以获得肉类食物所面临的主要难题，可能仅仅在于寻找那些温顺的且可以顺利圈养繁殖的物种。我之前提到，迄今为止，在从凯巴拉文化时期（公元前13000年）到前陶新石器时代（公元前7500年）的黎凡特南部遗址中，瞪羚的骨头数量比其他任何物种的都多。从公元前7000年开始，瞪羚的骨头数量急剧减少。相反，具有驯化迹象的山羊骨头和绵羊骨头占了绝大多数。当然，这不是唯一能证明这一点的例子。克拉顿-布罗克（Clutton-Brock，1969）和库尔滕（Kurten，1965）都在黎凡特非常早期［前新石器时代（Pre-Neolithic）］的遗址中找到了大量的狐狸化石。但狐狸并不是以一种驯化的动物出现的。同样，在欧洲，驯鹿为人类所牧养，但它们并没有被驯化。（Sturdy，1975） 93

动物在适应圈养中所表现出的不同，令人充满好奇。在最近的12000年中，人类无疑进行着驯化多种动物的尝试。这种驯化或者出于食物生产的目的，或者出于劳作的目的。但是只有少数的动物被驯服了，包括山羊、绵羊、牛、猪、狗、马、骆驼、水牛、水貂、小鸡、鸽子和其他一些动物。在其他大多数情况下，人们则没有成功。通过训练，老鹰可以完成某些特定的任务，但它们无法被圈养。同样，人们俘获长臂猿，可以训练它们爬到树上采摘椰子，但是如果某只长臂猿死了，则必须从野外重新抓一只，因为它们无法在被圈养的情况下顺利繁殖。这个问题如此有趣，以至于我有点脱离当前所讨论的问题，所以我将回到我们的主要问题上来。

和植物一样，驯化过的动物从形态上便和它们的野生祖先不一样。但植物形态所发生的变化与其驯化过程的条件和要求之间的关系更容易理解。在动物身上，这种关系则相当复杂。确实，与野生品种相比，驯化品种往往更小，并且，这反映了人们可能更擅长控制更小的动物。但其最主要、最本质的形态变化则令人费解。

驯化的山羊有弯曲的犄角，这在野生山羊身上是找不到的。野生的绵羊身上主要是绺状的毛发；厚重的绒毛只在驯化的绵羊身上才有。所有这些例子，或者其他大量的例子中，没有一个例子与驯
94 化的过程明显相关。显而易见的是，饲养哪些动物，不饲养哪些动物，养活哪些动物，杀掉哪些动物，这之间存在着选择，而且是严苛的选择。但我们所知道的这些变化，看起来像由任何可能因素带来的偶然的伴随物。

但和植物一样，由于人为的干预，驯化和野生的动物品种也无法顺利地和平共处。人类猎捕并宰杀野生动物品种，同时保存并饲养驯化动物品种。由于野生和驯化动物品种的领地偏好相同，它们所寻找的食物也一样，因而存在于驯化动物附近的野生品种可能变得不受欢迎。同时，随着驯化的进行，狩猎必然以一种不可逆转的趋势变得越来越不重要。一段时间之后，驯化动物附近便不再有可以猎捕的野生动物了。

但是，畜牧业所带来的问题，不会像谷物培育那样严重。事实上，畜牧业根本没有出现什么问题。畜牧业无疑是在一个温和安逸的氛围中开始的。在一开始，早期的两种驯化动物，即山羊和绵羊，不会与人类争夺食物（牛也一样）。这些动物可以吃树叶和草（而且也确实如此），而树叶和草的纤维素含量很高、蛋白质含量很低，人类无法以它们为食。正如里德所指出的，这些动物具有“内部发酵胃”，在这种胃里，细菌可以“加工所摄入的食物并把纤维素分解为更简单的分子，这些分子能够被哺乳动物的消化系统吸收”（Reed，1969：365）。

在谷物收割之前，这些驯化动物必须远离耕地，在这一点上，野生动物也是如此。这并不会带来多大问题。至少在最初的时候，存在大量不适宜耕种的土地，山羊和绵羊可以在这些土地上吃草。即使在谷物产量非常低的年景中，这些动物也没受到什么影响。毕竟，它们能够以野生植物为食，而这些野生植物无论在什么情况下都可以繁茂生长。

有一种推断认为，至今仍为贝都因人[①]和世界各地的其他人所接受的游牧生存，属于一种后期适应性，它由作物耕种的艰难与失败和畜牧业的相对安逸引起。这个推断可能也不是毫无根据。他们放弃了农业种植，但继续饲养动物，并从一个适于放牧的地区流动到另一个适宜放牧的地区，且其群落规模非常小。

在村落发展的早期阶段，畜牧业的安逸与简便并没有持续很久。由于人口的增长和定居地的日益扩大，驯化动物的规模也需要 95
相应地增长。在村落附近牧养 10～20 只山羊和绵羊，可能问题不大，但是如果牧养 100 只，则将变成一个大难题。在大规模村落的短距离之内，没有足够的天然草料，无法年复一年地养活这样大的羊群。投入更大的人力去照料和牧养这些动物，去更远的地方寻找草料，可能使羊群规模变大，但这样一来，畜牧业的难度也变得更大，并且变得更不方便。

诚然，饲养大批驯化动物所带来的问题，存在许多可能的解决办法；并且人们也确实一一尝试了这些办法。限制动物的数量并且减少吃肉，是人们经常采取但绝非自愿选择的一种方法。除此之

① 译者注：以民族为单位在沙漠地区过游牧生活的阿拉伯人，主要分布在西亚和北非的沙漠和荒原地带。

外，所有其他方法要么是把动物带到有食物的地方，要么是把食物带回来喂养动物。移牧，即在一年中的几个月将动物迁移到遥远的、无人居住的地方，这种惯例在许多地方仍有其生命力。不然，人们将需要采集食物，甚至种植食物，以喂养动物。野生动物可以自己寻找食物，但驯化动物则需要其饲养者提供食物。

事实上，在西亚地区，随着人口规模的扩大，所有这些方法都不再发挥作用。而且，过度放牧也给当时的土地带来了灾难性的影响。过度放牧、伐木取材和密集的作物耕种，这三种人类行为共同导致了自然植被的消失，使得土地遭到快速侵蚀。在西亚，许多一度肥沃的地区，最终变成了人为的荒漠。

从严重性上来说，畜牧业本身带来的问题可能比不上作物耕种带来的问题。一方面，驯化动物带来了许多有用的副产品，而这些副产品是野生动物所没有的。一段时间之后（不确定是什么时候），在驯化绵羊身上形成的羊毛开始具有经济重要性，并且从驯化的绵羊和山羊身上获得的羊奶，也为人们提供了额外的食物来源。奶牛的奶到很久之后才对食物来源产生影响：直到公元前 5000 年，才发现了从野生原牛驯化而来的牛，并且在那时候，它们的分布也没有山羊和绵羊那么广泛。

驯化的动物也用来帮助解决日益复杂的劳作需求和食物或其他
96 物资的运输需求。据里德（Reed，1969）所言，牛是首个能够从事重体力劳动（例如拉犁）的驯化动物。并且，从图像表征可以看出，大约在公元前 3500 年，美索不达米亚存在耕犁的使用。其他动物最终也被驯化，并且被用于应对日益繁重的劳作。大约在公元前 3000 年，叙利亚野驴（半个屁股）被用于劳作。其他的动物，

例如水牛和骆驼，则在之后出现。直到公元前 2000 年，马才作为一种驯化的动物出现在西亚。（Drower，1969）

因此，驯化的动物成为首个被人类成功利用的力量，这个力量用于解决一些由村落人口规模扩大和人们对粮食生产的日益依赖带来的劳作需求。但是，这些需求与这些难题的答案，为经济生活、社会结构和人类共同体带来了日益增长的复杂性。此后不久，劳作任务的多样化和组织化需求也迅速浮出水面。

第九章
技术、贸易和社会组织

97 有证据表明，从最早的时候开始，人类便聚群而居。但是，关于这些群落的功能、群落内部成员关系的本质、他们在获得食物时的分工，我们则一无所知。十分不幸的是，骨头化石也无法提供任何有关社会组织的线索。我们仅仅能够从看似合理的论据作出推测，或者从我们所知的现代群落中进行推断。当然，所有这些，作家们都做过了。

例如，有人认为，男性和女性之间始终存在着分工。在仍以猎捕和采集野生食物为生的现代群落中，存在一种相当一致的模式，基于这个模式，他们认为，在人类群落中，男人总是猎捕动物，女人总是采集植物食物。（Lee and De Vore，1968）情况可能是这样的，对于这个结论也能找到许多论据。毫无疑问，只有女人能够用乳房喂养婴儿，因此她们在行动上往往会受到更多的限制。此外，两性异形也存在于所有人类物种中：男性比女性更高大，相应地，可能也更强壮、更矫捷。所有这些因素，都可能使得男性更容易也更可能去狩猎。

但这种论据并没有什么说服力。难以想象，男性所小幅增加的力量和敏捷度，在狩猎中能成为多重要的因素。事实上，即使男猎手的敏捷度提高一倍，他们也跑不过动物。并且如果女性也想去狩猎，那么她们可以把孩子留给临时的看护，或者群落里的其他人。不过，这种男女之间的分工可能确实始终存在。只是我们现在不知道，并且我们将来也不会知道。如果这种分工确实始终存在，那么人们便倾向于认为这是由与基因相关的差异造成的，而不会认为这单纯是由男性比女性更喜欢把狩猎作为一种运动这种文化差异导致的。

关于很久以前的社会组织，另一种猜测甚至更缺乏事实依据。 98
例如，洛夫乔（Lovejoy，1981）基于有限的一些假设，便得出“最早的人类是一夫一妻制的”这种令人瞠目结舌的结论。考虑到当时人类群落可能的规模（也就 5～15 人）和两三百万年前的生存条件，说一夫一妻制在当时成为一种可行的惯例，这几乎是令人难以置信的。以一个十人的人类群落为例，其中有 4～5 个成年人，他们很少与其他群落接触，可能一年就接触 1～2 次。由于会出现夭折与大量死亡的意外，一个人类群落里可能只有一个男性成年人，且这并不是什么罕见的事。在这种状况下又如何会有一夫一妻制?

对于社会组织的史前形式，尽管其他相关的推测在本质上显得苍白无力，但其重要性还是能够吸引几乎每个人去试着作出推测。虽然骨头化石无法为这种推测提供任何依据，但由人类制作的史前古器物还是可能为人类社会生活的一些面向提供推论的基础，尤其是关于人类分工的推论，不过不是针对女性和男性之间的分工，而是针对群落内部的分工。如果我们在时间上向后看得足够远，看到人类制作许多古器物的时期，那么根据那些幸存下来并且已经为我们所发现的史前古器物，我想，对于劳动的专门化或者劳动专门化的缺乏，我们应该能作出一些推论。这些推论可能会受到资料的约束，但也为资料所支持。

在这个特殊的问题上，我们可能获得的进展是：据我们所知，大约 20000 年前，人类用石头制作了各种锐边和尖头的工具。制作这种工具的技术大体来说很简单，据此，我们可以确定，在那时候，任何人都能获得这种工具，并应该明确这些工具在人们的生活中十分重要，我们甚至可以想象，小孩在很小的年纪就开始学习如何制作工具。同时，尽管工具制作的技术很简单，但具体的操作则需要练习，也需要大量的合作与技能。尽管每个人无疑都知道如何制作这种工具，但不同的人，其工具制作的技术水平和能力，存在很大差距。那么，他们将如何安排他们的劳动？是靠最熟练的群落成员制作工具而其他不那么熟练的人去干其他事情？还是不管其制作工具的技艺水平如何，每个人都自己为自己制作工具？这个问题
99 不仅存在于石器技术上，而且存在于人类其他所有必要的或者重要的活动中。

如果把人类看成是一种理性的生物，我们可能就会期待，至少存在根据技艺水平确定的功能部分专门化。如果人类群落对他们的劳动进行组织以便更有效地开发环境，那么更熟练的碎石者将去制作工具，更娴熟的猎人将去打猎。因为一个娴熟的猎人花许多时间为他自己制作一些拙劣的工具，这看起来很愚蠢。找到技能专门化的连续证据，也将不足为奇。然而，事实非常出人意料：根本找不到这种证据。虽然线索并不充分，但现有的线索表明，当时的社会

组织并不存在哪怕是根据技艺水平确定的功能部分专门化，他们是每个人为自己做一切事情，例如，每个人为自己制作石器。直到后来，大概在公元前 6000 年，我们才能找到现在所流行的功能专门化。

我们所谈到的是哪种证据？什么考古学记录可以作为技艺专门化存在或缺失的线索？事实是，专门化本身或专门化的缺失，并没有太多清晰的线索。其中一个看似理想的线索是某几种古器物的分布，比方用来制作其他工具的工具，遍布在整个遗址中。例如，梅拉特（Mellaart，1975）描述了外里海低地哲通（Jeitun）遗址中的发现。这个可以追溯到公元前 5500 年的遗址，最早由苏联的马森（V. M. Masson）在 1970 年发现。这个村落遗址的居住者住在固定的房子里，种植驯化的小麦和大麦，也已经驯化了山羊和绵羊，并且在他们的各种活动中，也包含缝纫和编织。在这个遗址中所发现的工具包括拥有石制刀刃与骨制刀柄的镰刀、石制的钻子和缝衣针、石制的扁斧和用于加工木材的凿子。

据梅拉特所言："根据定居地中的古器物分布，可以确定这里并不存在明显的劳动专门化；同时，根据发掘地，可以看出，每个家庭在被当成工作区域的院子里为他们自己制作工具。"（Mellaart，1975：212）这种证据听起来是令人信服的，但是它只能说明哲通遗址的具体情况。就一般性的证据而言，这是一个单向的关系。相反的发现，即聚焦于一个村落中某个区域的工具制作情况，并不能 100
为存在功能专门化提供证据。它只能为存在通常的工作区域提供证据。

位于约旦大裂谷的贝达（Beidha）遗址（可以追溯到公元前

6500 年左右）和位于土耳其南部的恰约尼遗址（Çayönü Tepesi）（可以追溯到公元前 7000 年左右），为早期村落的这种专门工作区域提供了很好的例证。基尔布赖德描述了贝达遗址某些特定区域的这种集中活动。例如，她发现其中一个房间看起来主要用于磨光石头，一个用于加工骨头，另一个则用于宰杀动物。她把这些工作区域解释为，提供了“证明某种程度上的手艺专门化的证据”（Kirkbride，1968：268）。同样，布莱德伍德等人也发现，在恰约尼遗址中，有个建筑“由六到七个房间组成，每个房间所产生的工具有其各自的特征。其中有一个是用来磨制石头和骨头器具的作坊”（Braidwood，1971：1239）。

可能贝达和恰约尼遗址确实属于相对特殊的地方，它们的技能专门化比其他许多同样的村落都更早，出现了技能专门化的开端。但是，专门化的工作区域这种证据对这样一个论断来说是不够充分的。事实上，有充分的证据表明，专门化的工作区域在村落中甚至在暂时居留的营地中，都很常见。例如，制作锋利的石器，留下了大量的碎片，而这些石头碎片也有锋利的边缘。一个技艺不精的工人，很容易就被这种碎片擦伤或割伤。设置一个与其他活动隔离的工作区域，看起来是非常明智的。基于同样的考虑，一个群落将倾向于设置一个用来宰杀的独立区域，尽管两种碎片的本质不尽相同。其他活动，如果需要很难移动的重型设备，则也需要一到两个集中的活动区域。不难想象，那时候，在任何时候有人需要完成某个任务，他都可以去合适的区域。

我认为，对于早期聚落中技能的功能专门化，其唯一完全可信的证据是，所发现的古器物质量具有均匀性或缺乏均匀性。假设人类的任何技能都具有相当大的差异（这个假设具有很大的合理性），那么在任何聚落内，如果其手工物品的质量具有很大的差异，则这个聚落不存在专门化实践。只有某个特定的手艺只由那些技艺最精 101
湛的人掌握，我们所发现的手工物品才可能具有高度的质量均匀性。

不幸的是，出土文物的考古学报告，很少阐述手工物品的质量均匀性。相关的证据是存在的，但只存在于考古学家的头脑之中，而未面世。例如，在与巴尔-约瑟夫教授及其同事讨论时，在看到大批来自纳吐夫和凯巴拉遗址的石器时，我明显看出这些工具以及制作这些工具的技艺存在很大的差异。公开的出版物很少提及这种差异，其可能的原因是，这种差异是常见的、预料之内的事情，因此没有人会特别注意到它。

从各处的文献中，我们确实可以偶尔找到一些关于这个问题的阐述，不过，这种阐述几乎只存在于发掘者发现出土物的质量惊人地均匀且优异的情况下。其中之一尤为有价值，即梅拉特发现的加泰土丘（Çatal Hüyük）。它是一个与众不同的遗址，存在于公元前6500年左右到公元前5800年左右的安纳托利亚。梅拉特的发现如下："加泰土丘最引人注目的一个特征是其大量的技术专门化的产物……这种专门化的产物在品质和精致度上都显而易见，所有在这里制作的东西*在现代近东地区也是无与伦比的*。"（Mellaart，1967：211）

显而易见，在加泰土丘存在着技艺的专门化。同样显而易见的是，根据梅拉特所掌握的信息，这种专门化在公元前第七个千年的西亚即使不是独一无二的，也是非同寻常的。

我们对功能专门化如此习以为常，以至于这种专门化的缺失看起来十分低效且不合理，所以有人忍不住质疑上述证据。为什么聪明、智慧且富有想象力的人类没有选择让群落中技艺最精湛的人分别完成各种任务，并从中受益呢？人类群落选择每个人都要做所有事情这种社会组织形式，我们有任何充分、清晰、明确的证据吗？

为了回答最后这个问题，我们可以考察一下仍以狩猎和采集为生的现代群落，看看他们除了男性和女性承担不同的任务之外，还有哪些社会组织和劳动分工。关于这个议题，我所咨询的两个人类
102 学家都迅速地向我保证，在现代的狩猎采集群落中，最普遍的做法是“每个人制作自己的工具”。我试着在公开发表的文献中寻找证据，但并没有那么容易。

令人匪夷所思的是，对于现代的狩猎采集群落，大部分公开发表的报告都没有提到任何与这个议题有关的问题。在一本完全专注于这种群落的书（Lee and DeVore，1968）中，尽管对性别专门化作了许多描述，但也没有任何技艺专门化的论述。幸运的是，我发现了一个偶然的论述。在一本关于昆人的书中，李详细地描述了这些生活在非洲南部喀拉哈利沙漠且以狩猎采集为生的人所制作的每个工具，包括它是怎么做出来的，它是由男人还是由女人制作的。在一个例子中，他谈道：“所有昆人都掌握了加工铁的技能，尽管有人比其他人更精通这项技能。”（Lee，1979：137）在他对一个工具清单的讨论中，还可以找到另一个没那么直接的评论。他说：*“第一列展现制作物品所需的时间，并表明制作者是家庭中的男性还是女性。”*（Lee，1979：272）这些证据清晰地表明，在昆族不存在任何形式的专门化，即便是部分基于不同技艺的专门化也不

存在。

维亚尔在谈及新几内亚吉米人的石器制作时，对这一情况作了生动的描述：

> 从原来的石块中获得合适的石片，需要敲打 50～60 次。一个人盘腿坐在石块后面敲打石块，很快，他的小腿就被飞溅的碎片割出血了。另一个年轻得多的人，很快就获得了一块理想的石片，把它抓在左手里，并开始用右手里的小石块破片敲打它的边缘，并剥落小块的碎片。在他到达采石场半个小时后，他便做好了一个 7 英寸长、待抛光的理想刀片。这个过程看起来非常简单，仿佛每个人都能做到一般。那个老一些的人，则没有那么顺利，他为获得合适的石片花了更长的时间，而在砍削石片的形状以抛光的过程中，他也遇到了更多的困难。（Vial，1940：159）

维亚尔进一步说：

> 根据我所获得的信息，在这个地区，村落里的所有男人都
> 能够制作石斧，这个工艺并不会只局限于其中一些人。一把石 103
> 斧的整个制作过程均由一人完成，并不存在任何专门化。（Vial，1940：160）

不过，这种专门化的完全缺失也有例外。在澳大利亚的土著居民（aborigines）中，存在技艺专门化的确切证据。R. M. 伯恩特和 C. 伯恩特写道：

> 各地都会有一些人可能因为在一些任务中技术特别熟练而享有盛名：造独木舟、搓羽毛绳子、准备捕儒艮或海龟的鱼叉

> 等等。在这些事情中提供额外的帮助，他们会期望获得“报酬”，哪怕只是用鱼叉抓到的一份肉或者用独木舟捕到的鱼。这种情况几乎可以称为手艺专门化了，不过它只是非常基本的一种专门化。(Berndt，R. M. and C. Berndt，1964：111)

阿尔钦提到了另一个例子，讨论了澳大利亚中部打磨石斧的制作。她写道：“制作这样一把斧子是行家的任务，而制作这种斧子的人则是公认的能工巧匠。”(Allchin，1956：119)

相当明确的一点是，不是以狩猎和采集为生的现代群落都排斥基于技能的劳动专门化。另一方面，明显也有一些人类群落发现他们更适应于每个人为自己制作工具这种可能的社会组织形式。根据我们得到的证据，最为一致的结论是，在公元前第七个千年到公元前第八千年间，在人类群落中，普遍存在着专门化的缺失。

然而，为每个人所认同的是，几千年之后，到公元前 5000 年至公元前 4500 年，技艺专门化在西亚地区便相当寻常了。关于这一点，马洛温和克鲁克香克（Mallowan and Cruikshank，1935）报告了一个相对早期的例子。在阿尔帕契亚（Arpachiyah）遗址中，有一个可以追溯到公元前 5000 年前的城市，这个城市属于史前的亚述（Assyria）[①]。他们在这里发现了许多作坊，而且发现其陶器、项链和金属制品具有均匀的优质性与精巧性。毫无疑问，在随后的 1000 年里，专门化开始盛行。对此，无须再举更多的例子。

专门化最早的证据具体出现在什么时候？关于这个问题，我们无须过多考虑。一个变化究竟是发生在 2000 年之间还是发生在

---

① 译者注：底格里斯河流域的古国。

4000 年之间，对社会组织所确切发生的重大变化而言，是无足轻重的。公元前 8000 年之前，人类所依赖的技术，不是由行家所掌 104
握，而是由每个人所掌握、所实践。然而，到公元前 4000 年前，在安定、定居的村落中，人类技术的许多部分日益为行家所掌握。这个变化是如何发生的？它为什么会发生？如果说拥有行家的社会组织适用于人类，那么有人可能会期望看到这种组织运转的早期证据。如果它不适用于人类，那么人类群落为什么会日益接受它？

我想，答案是，人类群落并没有接受这种社会组织，而是技术专门化把这种社会组织强加给他们。或者，更准确地说，是人类群落不知不觉地把这种社会组织强加给他们自己。两个主要的因素在其中起作用：组织化的、远距离的贸易和几乎层出不穷的新异技术。

人类史前时期的贸易开端可以追溯到多久之前，这个问题只能靠推测来回答。在一个小群落和另一个小群落的接触中所偶尔发生的贸易，确实可以追溯到很久之前。但是，组织化的、有意的、远距离的贸易则起源于相对更近的时期，可能不超过 20000 年前，也可能不超过 10000 年前。通过在远离某种材料来源的地方发现这种材料，可以十分肯定地确认存在这种贸易。如果所讨论的材料是人们高度需要的，而这种材料或者其同等材料在其附近是无法得到的，那么这也有助于推断存在组织化贸易。

人们认为远距离的贸易频繁发生的最早证据是，在内陆地区用海洋贝壳做装饰物。例如，在中欧和东欧地区的遗址中，广泛地发现了来自地中海和黑海的海洋贝壳。这些贝壳的来源地和这些遗址的所在地之间的距离通常有 200～350 公里。（Phillips，1980：75；

引自 Hahn）这些遗址可能可以追溯到 20000 年前，甚至可能更久之前。在黎凡特的许多可以追溯到大约 17000 年前的凯巴拉遗址中，也在内陆地区发现了来自地中海的海洋贝壳。（Bar-Yosef，1980）稍后时期的一些贝壳，甚至可能来自更远一些的红海。

虽然生活在那时的流动群落可能偶尔甚至常常穿越这么远的距
105 离，但这绝不意味着这些贝壳不可能是他们与居住在更靠近海边的群落进行组织化贸易所带来的结果。而用什么作为贸易的交换物则谁也说不清楚，有可能是燧石。但是，如果这代表着远距离的贸易，那么这种贸易必然还涉及原材料的交换，同时它也象征着经济生活的一个最小的面向。

当全年定居的聚落开始存在时，远距离、组织化贸易的存在变得更加清晰了。这种聚落确实可能促进组织化贸易，因为参与贸易的人可以确切地知道在哪里找到这些年复一年的定居地。在这种情况下，我们可以想象商队路线的稳定发展，幸运的话，我们甚至可以部分重建很久以前所使用的路线。这之所以有可能，是因为某个一度非常珍贵的商品（如黑曜石）的独一无二的特性。

在制作片石工具的所有可能的材料中，最好的材料是玻璃。它的碎裂形态是最准确的，并且是最可控的。黑曜石作为一种由火山活动产生的天然玻璃，由于拥有这种特征，变得十分抢手且非常珍贵。黑曜石的来源并不丰富，事实上，在一些地区，它们是非常罕见的，所以如果有人在这些地区发现了燧石，那么它们一定是外来的。此外，我们可以准确地辨别任何一块黑曜石的最初来源，因为这种天然玻璃的构成物中混合了恰好可以反映当地环境的矿物杂质。即使是同一个地方所产的黑曜石，只要它属于不同的火山喷发产物，就也是可以区分的。有时黑曜石来源的辨别也会存在一定的困难。例如，两种黑曜石的来源在一定程度上相似，或者可能在附近存在某种共同的未知来源。但是，大多数时候，黑曜石的杂质分析都是明确的，我们的确清楚它们的确切来源。

因此，有清晰的证据表明，安纳托利亚中部和位于托鲁斯山脉崇山峻岭另一边的土耳其南部沿岸聚落之间进行过黑曜石贸易。这种贸易至少可以追溯到公元前8000年。同样，对于安纳托利亚的黑曜石，也有清晰的记录，它们在公元前7500年到公元前6500年之间，出现在远在南方的杰里科和贝达。毫无疑问，这种贸易是有组织、有目的的。

关于早期组织化贸易，最令人信服的证据来自比地中海更遥远的西部。在如今属于希腊的米洛斯岛上，有一个重要的黑曜石源地。有清晰的证据表明，来自米洛斯的黑曜石出现在伯罗奔尼撒半岛上的弗兰克西洞穴（Franchthi Cave）中，这些黑曜石可以追溯到公元前7000年。（Dixon，1976：298）这些黑曜石不可能是在当地人与其他人接触的过程中，通过许许多多次贸易进行缓慢的流动，它们一定是被有目的地通过海路运输了120公里的距离。说句题外话，这也是海上运输和航海技术最早的可靠证据。 106

不过，这些早期的黑曜石贸易还处于萌芽阶段：

> 从公元前第七个千年开始，少量的黑曜石……从凡湖（Lake Van）边的内姆鲁特·达哥（在土耳其东部）被运到距其800公里的达扎格罗斯南部山脚下。……在早期新石器遗址中，在以黑曜石为主的“供应带”之外（即在其假定来源地的300公里开外），黑曜石在所有打制石器中所占的比例开始大

> 幅下降。……在随后的时期里，黑曜石在更远的地方被发现，并且其来源地的数量表明来自同一个地方的材料开始增加。(Dixon，1976：304)

显而易见，这种贸易在增长。公元前 4000 年左右，美索不达米亚南部获得黑曜石的充足供应，这些黑曜石来自 1500 公里之外的凡湖。同时，在地中海地区，海上贸易开始发展，且其经济重要性日益增长。

讨论人们用什么物品来交换这种被高度需要的黑曜石，对于我们理解贸易对社会组织的影响而言非常重要。但关于交换物，我们并没有任何来自很早期的贸易证据。不过，交换物必须是居住在某地的人所需要而其当地所没有的东西。可能谷物会被交换到没有谷物的地区；驯化的动物对一些聚落来说可能是高度需要的；木材可能会被运到那些缺少树木的地区。对这种可能性，我们可以列一个很长的清单。但是，在我看来，不管交换物是什么，这些最早期的贸易都主要涉及原材料的交换。如果在某种程度上这种看法是正确的，那么，除了航海活动和贸易活动本身，这种贸易给任何一个聚
107 落内部的技艺专门化带来的压力都是相当温和的。这无疑会引起整个聚居区在某种意义上的专门化。例如，黑曜石的采集只发生在黑曜石源地，而黑曜石源地附近的聚落民则成为采集黑曜石的行家。

但是，手工制品的贸易可能也没比原材料的贸易滞后多久。与只看过从贸易中获得的几块黑曜石的人相比，在黑曜石源地附近长大的年轻人，将更有机会成为一个加工黑曜石的行家；在绵羊得以生产细羊毛的地区，生活在此的人将掌握更多纺织羊毛的知识和技巧。这些由原材料附近的聚落所发展并制作的成品，将变得更精

良，并成为理想的贸易商品。我们所确知的是，在公元前 4500 年，这种成品贸易便十分常见。

手工制品的贸易的确对聚落内部的社会组织产生了很大的影响。由技艺精湛的人制作的物品可以用于贸易，粗糙的物品则不能。在这之前，应该存在一个过渡时期，并且这个时期可能很长。在这个时期里，聚落内的每个人依旧为他们自己制作要用的物品，只有那些更熟练的人才会制作额外的用于贸易的物品。但是，这种过渡阶段并不稳定。花很多时间制作精美陶器的人，将没有时间做其他事情。由此，技能的功能专门化成为一种通则。

而与此同时，技术得到迅速发展。技术的发展可能比贸易更为重要，但也受到贸易的影响。在公元前 4500 年，一个人无论多么天赋异禀，终其一生也不可能掌握制作人们赖以生存的一切物品所必需的所有知识和技能。除了费劲地列举各式各样的类别之外，我们没有其他方式能够说明当时的技术发展状况。为了饶过读者，我将避免使用详尽无遗的枚举法。我将只提及一些足以说明重点的主要技术发展。据我们所知，如今的确如此，且早在 6000 多年前就已经如此的是：对我们所赖以为生的东西，没有人能了解和完成全部，每人只能了解和完成一小部分。而这个部分正变得越来越小。

在西亚许多地区发现了公元前 6500 年前的陶器，而在公元前 108
4500 年前，制陶成为一种产业。制陶需要了解并寻找陶土，要知道如何准备黏土、如何使坯体成形，最重要的是，要能烧出极高的温度以把黏土的坯体烧成结实耐用的容器。在公元前 4500 年，人们已经发明了陶车。

据我所知，最早的铜可以追溯到公元前 7000 年左右的恰约尼遗址，该遗址位于土耳其南部。（Braidwood et al.，1971）在那时候，人们通过冷锻自然铜的方式制作一些简单的金属工具。公元前4500年，铜的使用在西亚变得十分普遍，因此这一时期被看成是“金石并用时期（Chalcolithic Period）”的开端，它代表着铜和青铜的时代。金属的使用不只是增加了一项孤立的新技术。除了加工与锻造金属之外，还包括矿石开采和冶炼技术。而青铜的引入，需要混合铜和锡，这使得整个过程更加复杂。

纺纱和织布很可能早在公元前7500年就开始了，并发展为一种广泛分布的纺织产业。而与此同时，绵羊的驯化，引进了羊毛这种新材料及其打理技术；用骨头制作了用于缝纫的缝衣针；发明并制作了耐用的手工织机。

前面我们提到了用于远途航行的船，其证据可以追溯到公元前7000年。造船技术远在4500年前便得到持续发展。船的最早绘图来自埃及和苏美尔，可以追溯到公元前3500年左右（不超过公元前3500年），但是这种船已经属于技术高度成熟的船。

我们知道，最早的固定房屋的建造，可以追溯到最早的定居聚落，大约在公元前9000年。而在此，其技术也变得更为复杂。公元前7000年，最早的房子是椭圆形或圆形的；而在公元前6500年，它们则是方形的，并且存在多室结构。灰泥已经发明出来了，灰泥墙和灰泥地变得越来越常见。在公元前5500年，有些地方已经建造了多层的建筑。

食物生产也引进了必要的新知识。这些新知识包括适时耕种、贮藏食物、饲养动物，并且，在公元前4500年前，美索不达米亚已经明确地开始大规模的人工灌溉。同时，也仍然需要旧的技术。

人们仍然用采石和片石来制作工具，仍然加工皮毛，仍然猎捕野生 109
动物，仍然编织席子和篮子，等等。

人类的智慧、想象力和创造力，作为一种沿袭了数百万年的主要特征，逐渐累积成一个超越任何个人能力的知识与技术主体。人类群落必然不得不接受功能的专门化。这种知识的累积和这种技术的层出不穷，很容易被看成是惊人的成就。也确实如此，我们必须对其感到惊艳。越来越多的环境被控制，并且越来越多人居住在他们自己所创造的世界里。

但所有这些技术也有其后果。功能专门化给人类社会的结构带来了深刻的变化。与自给自足的时代相比，人们的关系本质，即使是那些仍然主张平等的关系，也暗含了不同程度的相互依附。在此，我们不打算讨论合作关系。人类群落成员间的合作已经存在了数百万年，例如在狩猎时合作，在避免危险时合作。毫无疑问，人们延续了这种合作关系。但是，专门化带来了依附，或者你也可以称之为相互依附。但无论如何，人们之间的关系终究是依附。

主要加工金属的人或者花很多时间制作陶器的人，需要别人提供赖以生存的食物。随着远距离贸易日益重要，人们甚至不能总是依赖他们自己的聚落。正如我们在先前的章节所推测的，如果人类坚决而努力地控制他所生活于其中的世界，那么，自足性的降低和他所依赖的人与其距离的变远，将导致不舒服的心理和社会状态。而这种状态，甚至以一种强化的方式存在于当今人类的生活中。

功能专门化也为社会组织带来了另一个面向。当社会组织开始主动接受功能专门化，功能专门化便在人类聚落内开放了一种地位和权力分化的可能性。一些功能时不时地就可能变得更加不可或缺，而且也存在获得地位与权力的机会。但是权力和地位对于人类聚落来说，并不是什么新鲜事。正如我们在下一章中将看到的，有一个人类努力建构而我们目前忽略的领域，在这个领域，专门化已
110 经存在一段时间了。在公元前 4500 年前的一个时期里，大部分的人类定居聚落，几乎毫无疑问都是结构化的、分层化的社会。

这将把我们带入最后一点。我们已经描述了发生在西亚定居村落中的变化。这些村落的数量在这几千年之中持续增加。但是，显然不是所有人类都居住在这样的村落里。尽管我们不可能获知其相对的人口比例，但无疑，在一些地区依旧有一些小群落以狩猎和采集为生。同样，可能也有一些游牧民族，他们赶着他们所驯化的动物，从一个地方流动到另一个地方。并且，正如我们所知道的，这两种群落都仍存在于当今的世界各地。我只想指出，我们所谈论的重要事件是确实发生过的，但它们只涉及当时西亚的一部分人。我之所以聚焦于西亚，是因为这些事情首先出现在那里，来自那里的资料最为翔实，并且在那里发生的事件决定了西方世界未来事件的进程。

第十章
技术和宗教

千万年来，人类这种富有想象力的动物，马不停蹄地寻找，寻 113
找开发其所处环境的方法，寻找控制并任意改变环境的方法。即使遇到他们无法改变的环境，他们也会想办法让自己免受其害。他们越来越成功，最终，正如我们今天所见的，这种成功从某种程度上来说，几乎是令人难以置信的。下面，我们将回顾一下早在 20000 年前他们已经实现的对环境的某些控制。

通过火的使用，他们得以在整体寒冷的情况下提高局部温度，得以在昏暗的洞穴里或漆黑的夜晚中照亮局部区域，甚至得以通过烹饪使不可食用的材料变成可以吃的食物。

通过筏和船的发明，他们得以引入新的食物——鱼，得以将水从行动的屏障变成便于行动的载体。

通过各种各样的建筑，他们得以保护自己免受风雨侵袭，得以在暴风雨中也能保持局部区域干燥和平静。

人类用于控制这个世界的所有技术，都是不完美的，有时甚至会遭到失败。偶尔失去对火的控制会带来灾难性的后果；建造的遮蔽物可能会倒塌或被洪水冲走；船筏可能发生事故，即使在今天，水也依然既是一种危险，又是一种财富。但这些失败和不完美，并没有降低人们对技术的依赖，也没有阻挡他们探索控制更多事物的新方法。

人类给我的印象使得我深信，我们肯定会试着控制一切事物，并且他们至今仍然如此。若气候太干燥，我们无疑会试着使天降雨。（我们仍在尝试，并且有一天人工降雨可能会更加有效。）如果天气太热，我们必定会试着使局部降温。（直到最近，我们才成功地生产了可以降温的空调。）我们显然会试着确保野味和作物食物来源，并且随后通过农业控制我们的确获得了更多的食物来源。毫
114 无意外，我们也尽量想办法预防洪水（我们现在建造了堤坝）、预防地震、预防火山爆发以及诸如此类的灾难。

毫无疑问，在天气太冷时试着人工取暖，而在气候太干时试着人工降雨，这之间并不存在本质区别。它们的思维过程是毫无二致的，其本质主要在于人：有想法，相信可能控制其生活环境；有想象力，发明可能可行的方式；有智慧与执着，把想法付诸实践。作为事后诸葛亮的我们，自然知道在 20000 年前或 10000 年前，依靠当时的自然技术，人类不可能实现人工降雨、预防地震，也不可能控制其他任何自然事件。但这并不意味着当时的人类从未做过尝试，也不意味着他们不相信自己可能会成功。无论他们如何尝试，所有这些尝试都属于同一种技术努力，即发明方法控制他们所生活的世界。

不过，人工取暖和人工降雨在可行性上的确有区别。通过回顾过去，我们可以概念化生火和造雨这两项技术的区别，但对他们来说，这两项技术都是偶尔不确定但偶尔非常好用的技术。因此，正

如我们已经认识到发现如何生火、用火和控制火是多么重要的一个技术事件，我们也应该认识到，创造掌管下雨的神连同创造出感化神的方式，也是一项重要的（甚至极为重要的）技术革新。

涉及“神”的技术，我们可以称为宗教技术。这项技术具有广泛且深远的影响。自然技术的影响面则相对有限。火的确有其特殊的用途，但它对为更有效的狩猎技术指明方向却没多大帮助。而创造出掌管下雨的神，则意味着也创造出了掌管太阳的神或者掌管人类生育的神。这种控制环境的方式带来了广泛的影响，并促使自然和宗教技术彻底融合。人类认识到神也可以帮助促成更安全、更有效的自然技术。

不过，自然技术和宗教技术之间所存在的两个本质区别，致使
它们渐行渐远。就技术而言，实现一个目标的方式是有限的，一些 115
方式可能比另一些方式更简单或更可靠。更有效的技术得以传播、使用，并在十分广阔的地区获得深入实践。就宗教技术而言，人们可能创造出名目多样的神，而取悦与感化这些神的方式也几乎是无穷无尽的，并没有哪种特定做法会比其他的做法更灵验。因此，即使在很小的范围之内，宗教技术活动也具有巨大的多样性和差异性。

这两种技术的另一个区别可能更为重要。直到最近这些年，自然技术仍然是人人都能接触到的事物。尽管在技术上肯定存在差异，但任何人都可以而且的确能顺利地使用这些技术。宗教技术则不然，并非一切有特定需要的人都能如愿真正感化某个具体的神。在一些特定的危机中，确实有人可以有效地取悦相应的神，比如带来降雨，而他也很可能因此而久负盛名。这种现象在社会维度和社

会层面带来巨大的影响。接下来，我会对此进行详细说明。

多久以前，在何种情况下，宗教技术得以首次问世？从考古学记录中，很难（如果不是毫无可能的话）确定这一点。假如考古学家们发现人类有意土葬的证据，他们便倾向于推断存在宗教，尤其当这些土葬具有一些标准特征的时候，例如方位固定或尸骨以某种姿势蜷曲（膝盖弯曲且大腿紧紧地压在胸部）。如果有意的土葬是宗教存在的证据，那么，我们知道，最早的宗教至少可以追溯到6万年前智人生活的时期。一些人甚至认为，宗教土葬活动的证据可以追溯到至少40万年前的周口店。

> 头骨与颌骨的数量巨大，因此可以假定，它们是从别处特地搬过来的。其中四个枕骨由于连续破碎而凹陷，仿佛要陷入大脑一般，表明这种葬礼属于“两阶段葬礼”的类型。居住在西里伯斯岛①南岸的布吉人于18世纪皈依伊斯兰教之前，仍可以看到这种葬礼。死者的尸体被搬离住所，并留在可以避开猛
> 116 兽的野外。等到尸体风干，便可轻易地将身首分开，甚至不需要砍断颈椎（在周口店没有发现颈椎）。之后，头骨便被郑重其事地带回村落，仔细地清洗，并成为死者家族的一种保护神。有时，只有颌骨被保存下来，布吉人将其用绳子串起，像勋章一样挂在脖子上。食人族的仪式行为和这种崇拜有关。死者的枕骨大洞由于被人用棍子敲打头骨底部而扩大，随后其脑髓被希望继承死者美德与优点的人吞食。……虽然我们无法对此进行论证，但我们可以从这种对比中推出不同寻常的结论。

---

① 译者注：印度尼西亚苏拉威西岛的旧称。

> 颌骨与头骨碎片表明葬礼确实存在，但我们不能夸大它的重要性。(Bergounious，1961：114)

贝尔库纽（Bergounious）的结论显然是通过与当代或近现代人类群落的类比而得到的，尽管这种类比并不是特别有说服力。古人类具有祖先崇拜和死者力量信仰这一推论，源于人们试图用其解释诸如砍头或其他怪诞的土葬做法。马林格断言，史前人类“相信能够采取某些行动做善事和做恶事。与生者相比，他们赋予死者更高的力量。因此我们可以假设，原始人类对死者具有一定的崇拜，这种崇拜表现为旨在保护生者免受死者力量影响的仪式和旨在为部落获得死者的保护、支持和帮助的仪式”(Maringer，1969：20)。

死者永生且被取悦和感化，如果这种信仰是真的，那它可能代表着最早的宗教技术形式。具有超能力的祖先可能是最早的神。文献对土葬和尸体处理的相关资料存在一致的解释。诚然，这种一致性可能是因为作家和思想家们没有尽全力去找其他可能的解释。但我不这样认为。相反，我认为这种普遍的一致源于很难找到其他完全可信的解释。

在人口大规模集聚之前，土葬显然与健康和卫生习惯无关。从 117
居住地直接把尸体挪走、扔掉，这种做法其实更简单、更健康，那么，为什么还会出现针对死者的各种令人费解的做法呢？在一些地方，死者的姿势非常扭曲，其屈曲的双腿表明他们很可能被捆绑着下葬。(Harrold，1980）在一些地方，掘尸是一种体系化的做法。人们把尸体暴露于野外，待其肉被吃掉——例如，在加泰土丘人们会把尸体放在秃鹰经常出没的地方（Mellaart，1967）——然后把尸骸重新埋在家族住所的地下。这种做法在很多地区都出现过。例如，在埃及文字中，石棺（sarcophagous）的字面意思是“食肉者”。骨头风干后，重新被放到瓮棺中。

在另一些地方，人们把头骨与其他尸骨分开，并对其进行特殊处理。例如，在早期的杰里科，人们在头骨上涂上灰泥并着色，把海螺贝壳嵌入眼睛中，并把它放在显眼的位置上。（Kenyon，1957）一些地方十分重视尸体的方位方向，一些地方则常常会有一些红色染剂作为陪葬。在早期所有处理死者的方式中，唯独没有火葬。另外，有越来越多的陪葬品（如珠宝、工具、器皿和食物等）和尸体一同安葬。索莱茨基（Solecki，1971）发现即使在40000年前到45000年前，居住在扎格罗斯的沙尼达尔洞穴的人们也会将鲜花和尸体一同下葬。

我们该如何理解这种参差不齐、不同寻常但广为流传的尸体处理方式？它是人类因所爱之人的死而悲伤的自然反应并渴望保留所爱之人的一些物件，还是为了让所爱之人在来世更幸福？这种解释似乎也不太合理。它不能解释土葬中捆绑屈曲的姿势、掘尸的做法，或其他各种特殊的处理方式。另外，我们必须谨记，在20000年前或10000年前或者甚至5000年前，人们以西方工业社会所遗忘的方式对待死亡。在那时，能在三四岁之后幸存下来的活产婴儿不可能超过50%（如果有这么多的话），但在12000年前到4000年前，很少有儿童下葬的情况。即使成年之后，他们也活得不长。达
118 到40岁或者45岁高龄的人实属罕见。死亡是生命的一部分。因此，我倾向于认为，现代的悲伤反应可能是一种迟来的文化导入。

我们很容易得出这样的结论：对尸体的特殊处理源于人们普遍相信死者可能具有继续活动的能力和影响事情好坏的强大力量，且

生者几乎无法或完全无法控制这种力量。这种特殊处理方式试图限制并（或）避免可能的危险、获得可能的帮助和取悦过世的人。这些可能是信仰“神明”的起源和宗教技术的开端。说个题外话，这些推论是否正确，来世信仰是否先于宗教，考虑这些问题其实是非常有意思的。

这种宗教技术一开始会有不足，这种不足在随后数千年中也会逐渐获得修正。其最主要的问题是：有大量可能的神，但不确定各个神所司何职，也不确定这些神的相对权力（哪些神是重要的，哪些则不然）。正如石器制作技术的改进需要很长时间，宗教技术的完善也需要时间。如果发生诸如洪灾或粮食短缺之类的灾难，谁的祖先更可靠？谁更有法力感化这些过世的人？哪种做法最为灵验？事实上，一旦灾难发生，则充分说明，某个特定群体感化神的方式并不灵验，或与其他更少遭遇灾难的群体相比，他们的祖先神力更弱。

由此，我们可以想象“神明”自祖先中诞生，且其数量和种类逐渐减少。正如科学技术一般，某个神明的法力如何、某种神明感化方式的灵验程度如何，需要通过经验进行证实。如果它能带来想要的结果，它的效力自然得以展现。显而易见的是，防止自然灾害可能是宗教技术的一个信而有征的重要成就。例如，假如一场格外严重的洪灾致使人们接受新的规程以取悦不同的神，不管这个神是新创造的还是从其他群落中借用过来的，这些新的感化技术都曾在很长一段时间中十分灵验地防止了严重的洪灾。

人们控制事件的渴望连同人类的智慧，在物换星移之中，创造出一组灵验的神明，每个神掌管着不同的领域。在以祖先为神的时期，这些更正式的神明也不再是人们的近亲。但即使出现更正式的诸神，人们对过世祖先的力量的信仰，也没有完全消失。这些信仰与更正式的宗教相互交融。有清晰的证据表明，有关古代中国的祖先崇拜的最早文字记录可以追溯到公元前1500年。在埃及，统治者的神性显然直接来自他们的祖先，这种神圣性也泽被女性统治者。即使在今天，虔诚的犹太教徒也会去拜访他们的父母或祖父母的墓地，请他们为其向上帝祈福。

宗教和自然技术对社会维度与社会层面的影响有什么区别？在早期，大约在公元前7000年或公元前8000年，自然技术为所有人所用，且正如我们在第九章中所讨论的，这种技术也为所有人所实践。即使是那些稍欠天赋的人，也可以生火、片石、采集食物和狩猎；没有天赋的人可能需要花更多时间来做这些事情，他们获得的结果最终可能不太好，但每个人都能做而且确实做过所有这些事。然而，宗教技术则几乎不可能为每个人所使用。不是所有的人都能成功地感化恰当的神明并带来降雨或者使得下一次的狩猎收获丰富。例如，在食物短缺的时期，不难想象，许多人都未能感化某个神明并为自身带来更多的食物。如果某个人出现在某个神明面前之后，发现了一个能够狩到猎物的地点，那么他将获得当之无愧的行家美誉，甚至可能被认为和那个神明具有特殊的关系。大部分人与正式神祇的私交不足，与其在灵验性上的巨大差距相一致。这不再是一种谁比谁更有天赋或更没有天赋的情况，而是某些人能做到而另一些人做不到的事实。在这种情况下，功能的专门化应运而生。在此，我再次冒险将其与现代简单群落作一个类比。在现代简单群落中，即使不存在其他功能专门化，其宗教技术活动或宗教仪式物品的制作通常也是一种专门化的技艺。

我们不禁会想到，任何宗教技术方面的行家，其地位在宗教技术发展的早期，在某种程度上都是不稳定的。那些曾在感化掌管生育的神明中显灵的人，再次被叫去感化同一个神明的时候，很可能 120
会失灵。我们也可以想到，在这种失灵之后会有解释与修正。行家取悦神的灵验性，需要许多其他人举行恰当的礼拜仪式；神殿内诸神的精细化，使得一殿之内神的法力与功能具有大量重叠。行家的某次失败也不是决定性的，毕竟他所要感化的神可能只是暂时和其他某些神存在冲突。神殿内的诸神几乎无法永远和平共处。宗教技术上的行家最终被看作具有稳定的能力，这种能力为人们所高度依赖并给行家带来地位和权力。宗教技术可能为社会分层的开端奠定了最初的基础。正如我们所看到的，统治者和被统治者的最初出现并不是一种偶然，统治者被认为具有神圣的权力。

尽管早先讨论宗教技术的目的的时候，我认为这种目的和自然技术的目的没有多大区别，但我仍想知道宗教技术所牵涉的具体实践以及这种实践是如何发展的。在文字出现之前，我们只能寄希望于通过诸如绘画、雕刻和雕塑之类的图示信息来获得一些宗教技术方面的细节知识。在法国南部和西班牙的洞穴壁画中存在着一种最古老的、最著名的图示信息，其中一些大约可以追溯到 30000 年前。这些壁画往往由红线绘成，在一些洞穴中则是黑线。它们往往位于洞穴中相对难以到达且完全漆黑的地方，它们展示了健壮的动物和宏伟的狩猎场景。毋庸置疑，有关这些壁画，存在无数种解释，许多学者将其与宗教活动联系在一起。

在我们为这些壁画赋予特殊意义的过程中，由于缺乏与普遍文化、信念和生活方式相关的详细的、独立的知识，因此它仅仅是一种想象的活动，有太多可能的解释。

不过，这些壁画也展现了一个确凿而有价值的事实。这个事实常常为人所提及。例如，温科在讨论拉斯科洞穴（Lascaux Cave）
121 壁画时指出："关于这些以及其他旧石器时代晚期的洞穴壁画，一个有些奇妙的事情是，动物往往以非常真实、非常具象的视角进行描绘，而人物形象则要么是简单的线图，要么是怪诞的半人半兽。"（Wenke，1980：211）

对此，马林格作出了同样的概括。他认为，在旧石器时代晚期的艺术中，"人物图像远比动物图像少，而且相比之下，人物肖像往往像浅尝辄止的产物，或者像光怪陆离的变形，而动物图像则几乎完全缺乏自然性和生命力"（Maringer，1960：78）。

这些来自远古时代的艺术家无疑具有高超的表现力，即使在表现张力、运动和现实主义上也如此。并且，毋庸置疑，他们对人物形象和动物形象具有同样的表现力。因此，他们并没有表现出同样的表现力则意味着现实主义图像存在特别的意涵或者特殊的结果。对此，我们可以作出合理的推断，创作逼真写实的人物形象，甚至可能包括动物形象，会给人类带来妇孺皆知的不良后果。因此，在这些壁画中，人物形象以象征或变形的方式来表现。这些古老的人类发现，现实主义的动物形象具有一些有用的技术价值，而现实主义的人物形象则可能导致危险。

黏土雕像的作品远比洞穴壁画多，它开始于20000多年前，并遍布欧洲和西亚地区。这些雕像一般被用来代表众神，并且在宗教实践和信仰中具有重要意义。大多数雕像是动物形象。如果它们是像“人”的，那么它们也存在着我们在讨论洞穴壁画中所提及的变形。最古老的黏土雕像大约可以追溯到公元前23000年在维伦多夫（Willendorf）建造的一个雕像。这是一个站立的成熟女性的完美变形，她拥有十分夸张的臀部、胯部和乳房，但她的脸部特征却空空如也。我们发现了许多相同的雕像，并将其看成“母神”的象征，认为其与鼓励生育有关。脸部的缺失或头部的风格化变形是人像的一个恒定特征。一些“像人”的雕像具有盘状的头，或者非常细长的头，或者像鸟一样的头，或者其他任何方式的变形。而动物雕像则一如既往地更加真实。

除此之外，这些雕像普遍具有多样性。这一点，在西亚地区尤 122
为明显。大约在公元前第七个千年到公元前第八个千年，许多地方都没有男性的泥人；而另一些地方，比如萨马拉（Samarra）附近的索万遗址（Tel Es-Sawwan）和如今位于伊朗德卢兰（Del Luhran）平原的阿里库什（Ali Kosh），则出现了带有夸张阳具的雕像。在一些地区，公牛和公羊的雕像占绝大多数，它们被认为表现了男性的生殖意义。在另一些地区，主要是野山羊，还有一些地区则主要是野猪。我们无法描述我们所发现的各式各样的雕像，我们也不可能自信地认定这些雕像有何实际宗教功能，或者是否每个雕像都具有切实的宗教功能。

只有出现用于开展宗教活动的庙宇和神殿，我们才能对诸神的职责和用于取悦诸神以保持诸神友善的做法作出可信的推论。而最早的庙宇和神殿出现于贝达遗址中。（Kirkbride，1968）在其村落东45米处发现了三个建于公元前7000年到公元前6500年之间的建筑，这三个建筑分属于这段时间内的不同时期。这些建筑的地面由特意敲碎的石块铺成；地下有“一层厚厚的铁混合物。由于它们与整个建筑格格不入，因而被特地放置于此”（Kirkbride，1968：273）；在各个建筑的多处地方，恰到好处地放置着巨大的砂岩。而且，这些建筑几乎是完全干净的。考虑到这些建筑所耗费的工作量及其目的线索的缺失，挖掘者认为“唯一的结论是，这些建筑是用来举行宗教仪式的”（Kirkbride，1968：273）。虽然贝达遗址的这些建筑没有展现任何宗教活动的内容或形式，但它们至少表明一些宗教活动需要特殊的场地、建筑，甚至可能需要特殊的实施者。

通过安纳托利亚的加泰土丘遗址，我们可以了解更多相关的信息，这个遗址可以追溯到贝达遗址之后不久的公元前6000年左右。（Mellaart，1967）事实表明，加泰土丘富含与宗教技术活动细节相关的、特别早且特别丰富的信息资源。在挖掘过程中，发现了50多处确切的宗教神殿。而居所建筑的数量则有两倍多。梅拉特（Mellaart，1967）认为，他们只是碰巧挖到了这个村落用于开展宗教活动
123 的区域，因此才能发现这么多的神殿和房屋。这些房屋可能是宗教行家、牧师和女祭司们的房屋。除了大量的神殿，他认为，这个区域虽然有很多工具、罐子、雕像之类的物件，却没有任何制作这些物件的痕迹，因此，这个事实表明这个区域有其专门的使用目的。

有意思的是，加泰土丘的神殿还表现了宗教活动的一致性。尽管各个神殿的内容不一，但是对于某个主题，它们都会遵循某种特定的传统：

> 在东面和北面的墙上往往设有与死亡有关的场景。……与生育相关的场景往往占据了西面的墙，公牛仅出现在北面的墙上。……动物的头和红漆龛往往在东面的墙上，而诸神和公

> 牛、公羊的头则没有特定的位置，它们可能出现在任何一面墙上。（Mellaart，1967：104）

这些证据足以表明，这些神殿专门用于宗教实践。而在法国和早期的洞穴里，在隐匿于难以到达的黑暗中的洞穴壁画里，也发现了一些宗教活动的线索。

> 那些壁画，那些诸神与兽头的灰泥浮雕，具有宗教意味，而不仅仅起装饰作用。……壁画完成其仪式功能之后会被涂上厚厚的白色涂料，灰泥浮雕会被涂去脸部、双手和双脚，从而失去神性，也不再具有仪式危险性。这些事实都清晰地表明了它们的宗教意味。（Mellaart，1967：82）

一个极端的例子是，一处洞穴壁画上覆盖着将近20层的白色灰泥。（Mellaart，1962：65）而且，墙上还有大量的红色手印。梅拉特认为："这表明朝拜者将手蘸上红色颜料，并在神圣的图像上留下印记。"（Mellaart，1967：83）这种手印，在很久以前，很可能是一种确保获得诸神关照的方式。这种印记在法国和西班牙的洞穴壁画中也很普遍。

尽管这些与过去具有连续性的实践表明了宗教实践规程缓慢、
渐进的发展，但这些神殿中的其他证据也表明这些实践与随后所流 124
行的实践具有连续性。献给诸神的贡礼随处可见。"在所有神殿中，都能发现少许谷物、工具……罐子和骨器的沉积物，一些动物的骨头，……公牛的角、蛋壳、动物的毛发、图章。事实上，由于被朝拜者存放并为毁灭许多建筑的大火所保存，因而在神殿原处可以发现任何合意的贡礼。"（Mellaart，1967：78）这些贡礼和祭品必然是取悦诸神的主要方式。

在加泰土丘遗址中，每个神殿都有一些风格迥异的灰泥浮雕和壁画。基于这些差异，我们可以谈谈每个神殿的具体宗教目的。掌管狩猎的神殿和掌管人类生育、死亡、食物丰饶程度的神殿，甚至和专门保护人们免遭豹子攻击的神殿，都可能有明显的不同。这个村落的居民具有完备的、差异化的宗教技术。在人类所生存的地区，这项技术显然涉及人类的种种喜悦，诸如狩猎顺利、食物丰饶、保护生育和免遭危险。

很重要的一点是，在加泰土丘遗址中，宗教活动的灵验性已经需要特殊的场地与行家的参与和说情。如果梅拉特的说法无误，那么，城市的确为宗教活动设置了特殊的区域。并且，有迹象表明，这些行家在死后享受了不同的待遇。虽然在住宅和神殿里都发现了墓穴，但这两地的墓穴存在很大不同。赭红色的墓穴，虽然数量很少，但“几乎都只出现在神殿里。……黑曜石做的镜子和骨头做的腰带扣，这两样东西只出现在神殿里，而从不会出现在住宅里。……做工精良的燧石匕首和有喷口的石制容器也仅作为贡礼出现在神殿中或者出现在神殿地下的男性墓穴中”（Mellaart，1967：207－208）。由于宗教行家与一些神明具有特殊的、私人的关系，因此他们以特殊的方式被葬在神殿之中并非没有可能。

我们猜测，随着宗教技术的必然提升，只有很少的人能获得顶级行家的地位，这构成了权力和地位差异的基础。这种证据来自史前时期的哈吉拉尔（Hacilar）——另一个由梅拉特（Mellaart，
125 1970b）在安纳托利亚发现的村落。在这个遗址挖掘第二期，发现了一个从公元前5400年持续到公元前5250年的大型建筑，这个建

筑被挖掘者认定为一个神殿。这是哈吉拉尔遗址二期唯一一个包含墓穴的建筑，因为哈吉拉尔人一般把死者葬在远离村落的偏僻的地方。考虑到这个村落的水源及挖掘者所认识到的权力和权威，这个建筑的地理位置得天独厚：

> 它的位置（控制着村里唯一一口井的通路）、规模和墓穴都表明，它是一个极为重要的公共建筑。在一个除了宗教之外不考虑其他权威想法的时代，这个建筑成为一个主要的村落神殿并且在当地占据权威地位，对哈吉拉尔二期这个小社会的福祉负责。这种负责不仅是宗教层面的，也是经济层面的。

在这种关联中，有人可能会倾向于夸大权力和权威的集中化情况。但在哈吉拉尔二期的其他地方，至少有另外一处神殿，所以宗教行家的权力至少在一定程度上是分散的。不难想象，只要存在名目多样的神明和能够感化不同的神明的各色行家，权力和权威便不会变得过于集中。

到公元前4000年，神殿和庙宇变得十分常见。它们的结构越来越复杂，并且在一些地区出现了多层结构。它们遍布西亚，并且金布塔斯（Gimbutas，1974）也出具了它们在欧洲流行的极佳证据。但除了再次强调各地的神殿和庙宇具有多样化细节之外，很难对这些细节进行详细描述。关于它们所举行的宗教活动，这些活动的功能，以及宗教技术主管行家的地位和权力，这些神殿与庙宇并没有为我们提供有利的信息和能够使我们对其深入了解的细节。为了加深理解，我们必须将时间推进到存在文字记录的时期。只有在文字出现之后，我们才能克服这种解释的不确定性，尽管绝无可能完全解释它们。

因此，我们必须转向公元前3000年的苏美尔或埃及。这两个地区拥有最早且为今人所破译的文字，这种文字可以追溯到公元前3000年左右，或者更早。从苏美尔发现的文字记录比从埃及发现的
126 的更丰富，因此，我们主要对苏美尔的记录进行详述。因为苏美尔人在泥板上写字，且有大量的泥板保存下来，而埃及人，很不幸的，他们主要在莎草纸上写字，而这种媒介物极易腐烂。

公元前3000年初的苏美尔，主要由许多松散的联盟构成，而与其不断交战的城邦则是今天的伊拉克南部。在苏美尔，每个城市有其各自的主神，并各有一个专门供奉主神的宏伟庙宇。人们为庙宇中的神明准备了食物、衣物和其他各种贡品。例如，乌尔（Ur）的主神是月神南那；拉格什（Lagash）的主神是地母神宁吉尔苏；而乌鲁克（Uruk）的主神则是生育女神伊南娜。每个神都神通广大，并且苏美尔神殿（Sumerian pantheon）中的100多位神明，不仅是人们所公认和取悦的主神，也是人们的守护神。

最早的文字记录清晰地表明，主神和统治者之间存在密切的关系，而且，统治者和祭司也具有同一性。能够感应诸神旨意的人，能够保持诸神友善的人，能够取悦和感化诸神的人，就是城邦的统治者。带有“恩”（en）的名号首次用于形容祭司和城邦长官。加德恰如其分地概括了长官、“恩西”（ensi）① 和祭司之间的关系在后来的发展：“我们可以推断，最初恩西本身就是祭司，并且即使

① 译者注：ensi，阿卡德帝国及之后两河流域王朝中城邦的最高统治者，负责在本城征召士兵，并为王室军队提供军饷和装备，同时也管理政务，主要包括农业管理、收成分配、食物生产、商业等。

他们的功能开始有所区分，祭司仍可能通过宗教职责的委托，成为恩西的相关继承人，有时也可能是法定继承人。”（Gadd，1970：137）

权威、权力和与诸神保持良好关系及感化诸神的能力密切相关。这种能力无疑是权力的来源，而且如果不是由同一个人占据长官和祭司-行家的位置，自然便存在冲突的可能。由于缺乏记录，有人在公元前2400年左右的考古记录中才发现这种冲突的证据。这种文字记录来自这一时期的拉格什。（Safar，1949）在恩铁美那（Entemena）统治时期，主神宁吉尔苏的大祭司是杜杜（Dudu）。杜杜将贡品据为己有，并拥有数座自己的纪念碑。他的名字甚至出现在一些皇家文本中。

而拉格什之后的另一位统治者乌鲁卡基那（Urukagina），则带
来了可以称为改革的变化，但这种变化主要在于他重申他自己与宁 127
吉尔苏神直接、密切的联系。（Rosengarten，1959；Diakonoff，1958）这些变化推翻了宁吉尔苏原先的任命惯例，因为乌鲁卡基那声称他和宁吉尔苏缔结了圣约。所有文献中都充斥着统治者和祭司之间的潜在冲突。

正如其他技艺那样，祭司取悦神的技艺的灵验性也是一个经验问题，而城邦之间的战争结果往往是一个重要的相关证据。在战争中被打败只能意味着两件事：祭司失灵以至于我们的神不再友善，或其他的神比我们的神更有法力。相应地，诸神的特性、诸神之间的相对权力和宗教活动的恰当性也并非一成不变。事情以大大小小的方式发生变化，而对战争失败的解释、人神关系的改变和神殿内权力结构的变更，在许多诗歌、神话和哀歌中也有所记录。描写公

元前 2000 年左右乌尔城为埃兰人所毁灭的一首哀歌，为我们展示了人们担心为庙宇被毁的神所遗弃的例证。以下几行是这首哀歌的节选：

> 噢，宁伽勒，你的领地已经消亡，你的心将引领你走向何方！
>
> 你的城市已被摧毁，如今你将如何独活！
>
> 噢，母亲宁伽勒，
>
> 求你告诉我，你像敌人一样，站在城邦的另一面，还要多久？
>
> 你像敌人一样，置城邦于磨难之中，还要多久？
>
> 你遗弃了你的城邦，尽管你是深受城邦爱戴的女王。
>
> （Kramer，1963：142－144）

伊南娜女神造访埃里都（Eridu）的神话则详述了诸神之间的权力变更。她窃取了水神恩基的法力和属性（苏美尔语的 *me*），并将其带回乌鲁克她自己的神庙中，因此可能极大地提高了她的法力。在苏美尔神殿中，诸神的权力关系极不稳定。虽然在原则上安（An）的权力至高无上，但几乎没人知晓他。在随后几百年中，伊
128 南娜的法力越来越高。马尔杜克（Marduk）在公元前 3000 年其实还是一位寂寂无闻的神，而在公元前 2000 年则变成了最有法力的诸神之一。这样的例子，我们可以无限列举下去。

特别有意思的是一首关于伊南娜晋升的诗，与已知的历史事件紧密关联：这首诗的写作建立在与那些事件密切相关的基础上，并在此之后产生了广为人知的巨大影响。（Hallo and Van Dijk，

1968）阿卡德的萨尔贡（Sargon）[①] 是首个彻底征服多个不同的苏美尔城邦并在该地区建立了长久统治的君主。从他的时代开始，苏美尔不单是苏美尔，而是苏美尔和阿卡德帝国。萨尔贡的统治从公元前 2371 年持续到公元前 2316 年，但是阿卡德人在这个地区的统治延续到公元前 2229 年。

阿卡德人是闪米特人而不是苏美尔人，阿卡德的主神则是未列于苏美尔神殿内的闪米特女神伊斯塔尔。自然，这种情况会给苏美尔神殿带来更大的不稳定性。重要的是，不存在任何试图将阿卡德神强加给苏美尔人的迹象。多神共存，而且有许多事件都能反映他们的相对权力。这数百年中所出现的融合，出现在恩西杜安娜公主的作品中。恩西杜安娜是萨尔贡的女儿，而她的作品则记录了该地区多年以来的宗教。萨尔贡的女儿，在萨尔贡征服苏美尔各城邦之后，成为乌尔庙中月神南那和乌鲁克天神安的大祭司。她个人则追随伊南娜，并为她写了许多赞美诗。而诸神的融合则出现在其他赞美诗中，这些诗句，既赞美苏美尔的庙宇及其诸神，也赞美阿卡德庙宇及其不同的诸神。

在萨尔贡晚年，几乎所有的或者说大部分的城邦都反对他，并且联合起来攻打阿卡德。萨尔贡取得了决定性的胜利，最终打败了其他人，并进一步证明了原本不言而喻的事实：伊斯塔尔的法力比苏美尔诸神的更高。在《伊南娜的晋升》这首写于镇压反叛不久之后的赞美诗中，恩西杜安娜做了三件事。她声明伊南娜高于天神，将南那的所有法力都转移给伊南娜，并开始在伊南娜和伊斯塔尔之

---

① 译者注：Sargon 这个词的字面意思是“真正的王”或“合法的王”，即《圣经》中的亚甲王撒珥根。阿卡德的萨尔贡即阿卡德一世。

间巧妙地建立同一性（在几年之后开始追求更彻底的同一性）。一旦伊南娜和伊斯塔尔成为同一个神，且拥有比其他任何神更大的法力，某些稳定性便得以恢复。

129 和所有技术一样，宗教活动的结果使其背后的理论得到证明。军事活动的结果往往产生明确、实际的结果。在战争中的胜利证实他们的神更高级或者他们感化诸神的技巧更高明。因此，随征服而来的是对主神的笃定。如果帝国扩张，通过军事征服统治越来越大的领土面积，那么便会有广大地区接受同一个主神，这个神在诸神之中明显更重要，也更有法力。

虽然埃及宗教和西亚宗教极为不同，但其宗教活动的动力和这种活动的变化是一样的。埃及神殿与苏美尔神殿、晚期巴比伦神殿没有任何相同之处，诸神的功能和权力分配也完全不同，但我们应注意其统治者和祭司之间的密切关系。古埃及的国王是诸神的后裔，神圣血统通过女性传承。其神殿内的权力关系也一样不稳定。随着每个新埃及王朝的建立，权力最高的神也会发生剧烈的变化。

简要地回顾一下古中国的宗教，可能具有非常重要的意义，因为几乎可以确定，它的发展和西亚没有联系。有人在古中国发现最为清晰的祖先崇拜的例子。统治者的祖先无疑是法力最大的神，且统治者也具有神性。自然，祖先权力的结构会随着军事征服发生变化。有意思的是，中国已出土的最早文字记录，主要是涉及军事行动计划的祭司占卜，这些文字记录可以追溯到公元前1400年。

多神教非常成功，且对宗教技术产生了很大的影响：它使这项技术始终扎根于经验。如果某个神无法完成其使命，人们便会试着去皈依其他神。关于具有某种特定愿望的人更适合去皈依哪种神，可能有不同的看法。不同的人在不同祭司的帮助下，可获得最好的控制事情的方式。如果某个地区遭遇干旱，而其他地区降水充沛，那么前者可能会信奉被眷顾的那个地区的一些神明，采用该地区的一些做法。如果这项技术生效，那么相安无事；如果没有，那么人们会尝试新的技术，直到他们发现一套行之有效的规程。这个过程 130
有点像寻找一位靠谱的医生，为了治疗难以捉摸的疾病，人们会一个接一个地尝试，直到疾病消除。

不过，这种对诸神的选择性皈依需要不断修正神殿内的等级制度。诸神之间的关系可能而且也确实会纠缠不清。随着社会变得越来越复杂，神殿则必须变得越来越简单。它的等级边界必须更清楚，它必须由神圣的国家统治者掌控。始终如一地提供决定性的经验证据的战争，加速了真正的多神教终结。

在公元前第二个千年之初，美索不达米亚的信仰体系不再是多神崇拜的信仰体系，而处于一种可以被称为“单一主神教”的中间状态。“单一主神教”是指，崇拜单一的主神，但不否认其他诸神的存在。回想起来，这个过程似乎使迈向一神教的进程不可逆转地开始了。

人们曾多少次认为或确信主神实际是唯一的神，对此，我们不得而知。我们所知道的是，这种想法不可能只出现过一次。例如，在公元前第二个千年早期，阿蒙霍特普三世（Amenhotep Ⅲ）试图在埃及采用一神教体系，太阳神被指定为唯一的神。这种尝试，由他的继位者埃赫那顿（Ikhnaton）所延续，但它从来没有成功过，因为人们并不能接受这种想法。

如果且确实有人提出这样一个想法，那这可能是最难被接受的想法。因为它在众多证据面前往往不攻自破。众所周知，不同的神明在诸多场合中顺利掌控了局势，军队的胜利则证实了现有神殿的权威。而且这种想法也可能带来心理不适，因为如果只有唯一的神，那么便不再有任何选择和取舍的机会。

令人诧异的是，这种唯一真神的想法在之后却取得了进展，它吸引了一群人。如果我们以《旧约》中的记载为历史，便会发现这种想法的确吸引了一群人。但这只发生在十分不寻常的情况下。它在最近离开埃及的小规模人群中被接受。这些似乎不那么“受诸神
131 眷顾”的人，生活在西奈沙漠，与当时的主流信仰趋势相隔绝。

然而，这种想法一旦被人接受，便毫不意外地会伴随着万无一失的铁证和信心。这个有且只有一个的神和这些人有特殊的关系，并且维持这种关系的方式必须细化。这个全能的神向背井离乡的人们承诺，他们将会有自己的领地，更重要的是，神将确保他们的军队屡战屡胜。如果人们违反了神的规则和条例，神也能并且准备进行可怕的报复。

但这种实践的结果不太理想。确保军队屡战屡胜绝非易事。希伯来人曾被巴比伦人、波斯人、希腊人、罗马人打败。他们由神担保而控制的领地只存在了非常短的一段时间。在这之间，他们有多少次抛弃了一神教，我们不得而知。可能很多次。但对其他人来说，一神教的失败及其对选择机会的剥夺，共同造成了宗教狂热。由于别无其他可选择的神明，因而问题必然出现在以下一个或两个方面。首先，他们可能严重违反了合乎礼仪的取悦方法，而且在罗马人占领这个地区时，希伯来人已经分裂成许许多多宗派，每个宗派对合乎礼仪的取悦规程有其各自的理解。

其次，更为重要的是，在任何一神教的体系中，都必须对某个唯一的、不可知的神具有直接的目的和意图。在某个神的设定中，无论发生什么，人类都不能动摇自身的信仰，也不能动摇合乎体统的规程。而且，由于人类不再能够通过神控制真实事件，因而人们死后的生活将被迫承担更重的责任。从长远来看，这种体系是否有利于人类的心理健康仍有待考察，毕竟一神教才刚登上历史的舞台。

第十一章
防御工事和战争

133 在漫长的历史中，人类在某个时刻开始杀死其他人，这种杀戮并不是孤例，也不只是个人的行为，而是一种有组织、有目的的行为。自然，对于这种组织化杀戮可以追溯到多久远以前，存在不确定性和争议；而关于这种杀戮如何开始、为何开始，也存在不同的观点。

通过骨头化石的状态，我们并不能获得充分信息将有目的的杀戮追溯到太过遥远的过去。即便不考虑组织或个人行为的问题，对于这种死亡是否与人类有关，我们也所知甚少或者一无所知。例如，在 20 世纪 50 年代，许多人认为在非洲南部发现的化石清晰地表明，在南方古猿中普遍存在致命的冲突和杀戮。但是，通过对这些证据进行大量分析，布莱恩（Brain，1981）彻底否定了“杀手猿”(killer ape)[①] 的观点，他认为这些证据更符合如今已经灭绝的大型猫科动物的掠夺行为。

---

① 译者注：“杀手猿”理论认为人类进化的驱动力在于战争和人际侵犯，这个理论最早由雷蒙德·达尔特（Raymond Dart）提出，后由罗伯特·阿特里（Robert Ardrey）在解释非洲起源时进一步予以发展。

关于这些站不住脚且模棱两可的证据所产生的各种可能的解释，罗佩尔（Roper，1969）为对此感兴趣的人完美地整合并概括了现存的从非常早期的人类到早期现代人的所有材料。单从骨头我们可能无法作太多的推论。通过骨头，有时可以判断伤口来自生前还是死后，却不能区分这种伤口属于意外还是蓄意。但即使是在生前的伤口与死后的伤口之间，它们在骨头上的区别也是十分细微的。对这种伤口的解释似乎完全取决于解释者的倾向。几乎任何证据都可能并且也确实有无数种解读。

这种杀戮是否以有组织、有目的的方式进行？对于这个问题，现有的证据更加无济于事。即使我们对最近的案例进行考察，并几乎确定其伤口不属于意外伤，关于组织化的打斗和杀戮，我们仍然知之甚少。对此，索莱茨基（Solecki，1959，1971）报告了一个典范的例子。在沙尼达尔洞穴，他发现了许多保存完好的骨骸，其中 134
一具骨骸，即骨骸Ⅲ号，清晰地表明，曾有刀刃插在其两肋之间。不过它没有造成这个人立即死亡，因为有清晰的线索表明，在他死之前，骨头已部分愈合。这种性质的伤口除了为另一个人用武器所伤之外，不可能为其他行为所伤。索莱茨基认为："据推测，沙尼达尔Ⅲ号*可能在一场冲突中为不友善的邻居*所伤，而在他由于偶遇岩崩而死时，这个伤口已经愈合了。"（Solecki，1959：627）为什么会出现这种与不友善的邻居起冲突的参考解释？毕竟他也可能是在短暂的愤怒中与其兄弟打斗而受伤，甚至极有可能是在艰苦狩猎的混乱中遭受了意外的刀伤。

温道夫（Wendorf，1968）通过一些迹象，报告了另一个被解释为大规模组织化冲突的例子。他在努比亚发现了一个"墓地"，这个墓地与任何人类居住的聚落和营地的残存物都毫无关系。其年代无法确定，而温道夫将其推测为“最后的旧石器时代”，大概处于8000～20000年前。这个遗址有多具遗骸，其中许多在骨骼结构邻近的部位嵌着石片。这增加了这些人被他杀的可能性，但其他解释似乎更具有可能性。一则，其中许多遗骸（即使不是大部分）并没有迹象表明可能存在人类工具造成的伤口；二则，所有葬在此地的人均在同一时间被埋在此地，这几乎是不可能的。相反，可能在很长一个时期，这个地方一直被人们用来处理那些从其住处被搬过来的尸体。事实上，这些例子并不能为我们提供太多信息。

我们需要向前进入产生更多证据的时代，这些证据有助于跳出仅能表达不确定性的局面。关于组织化杀戮，一个可能的知识来源是法国南部、西班牙的晚期洞穴壁画，以及分布更广的岩画。如果在可以追溯到15000年前的壁画或岩画中，描绘了人类用武器与其
135 他人打斗的场景，那么，我们可以确信组织化的打斗存在于或先于那个时期。

在法国，有两个距离不远的洞穴，这两个洞穴中都包含与这个场景相关的图画。在派许摩尔（Pech Merle），有一个可能为箭所伤的人物图像。和其他人物图像一样，这个图像是失真的或者说是变形的。布勒伊将其描述为“一个带尖嘴的面具男，他看起来像被箭射穿了，或随身带着箭”（Breuil，1952：272）。在干邑（Cougnac）的洞穴中，在三个不同的地方都有人被箭射穿的图像。同样，这些人物图像也是失真的，他们的脸部像鸭嘴一般；其中一个人没有上半身和脸。（Graziosi，1960）

总之，这些证据依然无法说明问题。所有这些图像都没有呈现

组织化的打斗。而描绘单个个体的图像，和组织化打斗的情况还是很不一样的。如果它们代表着组织化的打斗，那么人类的头部为什么会被变形为动物一般的头？虽然可能他们代表着敌人，可能这些图画表达的是祝福、希冀或魔法，但也可能有其他许多解释。可能他们试图通过魔法防止狩猎意外。显而易见的是，由于缺乏决定性的证据，因而这些洞穴壁画并没有提供太多的信息。可能在洞穴壁画中，战争场面并不常见，或者可能洞穴并不适合描绘这种画面。但我们必须谨记，随后的确出现了描绘组织化打斗的场景。

西班牙岩画是已知最早的描绘战争场景的绘画。（Phillips，1980：145）这些岩画的年代相当不确定。一度有人认为它们的年代比最近所显示的证据表明的年代要久远得多。佩里科特和里波尔（Pericot and Ripoll，1964）通过对证据的分析，认为与自然主义艺术相关的时代存在于公元前 8000 年到公元前 5000 年。弗特亚（Fortea，1975）认为这个时代大约开始于公元前 7000 年。到目前为止，基于数据分析而获得这些绘画的年代，这种努力并没有很大的成效。然而，组织化、系统化的战争十分重要，所以有人期待它们会留下能够展开确切解释的考古线索。但是在这个地区的那个时期，并没有发现这种线索。因此，即使出现交战，这种交战的范围也不大，频率也不高。

在袭击或战斗中，组织化的杀戮的确会留下一些线索。如果发生袭击或战斗，那么不仅战争结果会留下线索，而且战争准备也会留下线索。防御准备，尤其是村落周围出现的防御工事，可为战争 136
留下主要的证据。建造这些防御工事需要一定的计划、时间和努力。建造它们的原因在于保护村落免于持久的、具有威胁性的重大暴力。因此，如果在某个地区发现防御工事，我们便能负责任地说，这个地区存在组织化的战争，这种战争可能是为了征服，也可能是为了袭击。就我们的目的而言，为了理解导致战争变得广泛的条件，我们首先必须找出并考察已知的最早的防御工事。

事实上，在西亚发现了最早的坚固的防御工事遗址。因此，让我们再一次回到这个地区。如果我们能通过合理的推测确定这些防御工事开始存在的年代，那便有可能把这种发展与发生在这个地区的其他已知的变化联系起来。接下来，我们将仔细考察已知最早的、建有城墙的城市。正如我们将看到的，西亚的无防御工事时期和防御结构迅速扩张的时期之间，存在着相当明确的时间分界线。

在西亚，有两座城墙。一座是出现在公元前 8000 年的杰里科，另一座是出现在公元前 7000 年的贝达，它们至少比其他城墙早出现 1500 年。贝达城墙宏伟，其残垣断壁，在一些地方有一米多高，但人们从未把它当成一种防御工事。其原因十分简单且有说服力：城墙之外有一些台阶，这些台阶为进入城市提供了便利。而对于防御目的来说，这无疑是不可思议的。

那么，这座城墙的用处是什么？由于认定这个地区的气候在 9000 年中都没有明显变化，柯克布莱德提出了一个惊人的解释，他认为这个村落如它今日一般，建立在松软的流沙之上，而矗立的城墙则用于“巩固沙丘，以防流动”（Kirkbride，1968：266）。但是，人们为什么倾尽全力在如此不理想的地理位置上建立村落呢？另一种解释似乎更为合理可信，它认为贝达建立在河道的冲积扇上。如今，雨季滂沱的大雨主要把岩石冲到这些干涸的河道中，但在公元前 7000 年，这个地区比现在潮湿得多。这片土地尚未遭受会造成土壤贫瘠的剥蚀[①]和破坏。在那个时期，有更多的降水和更多的植被，河道每一年都会在河漫滩[②]上形成新的冲积土。例如，在贝达遗址和纳吐夫人占据的遗址之间，有一个累积的冲积层。这无疑使得这个遗址变得更有吸引力，在肥沃、多水的冲积土壤上，植物在那时的长势十分喜人。而城墙则可能用来保护房屋，使其免受一年一度的泥沙淤积影响。 137

不过，根据挖掘者的解释，杰里科的城墙往往被认为是一种防御工事。凯尼恩说："大约在公元前 8000 年，中石器时代的猎人开始造访春天的杰里科。他们的后代在这个地方定居下来，并且他们的住所日益固定。直到公元前 7000 年，这个地方发展为具有大规模防御的市镇，其面积为 10 英亩[③]。"（Kenyon，1960：100）

直到最近，才有人质疑有关杰里科城墙和塔的这种解释，并提出了不同的观点。（Bar-Yosef，1980）巴尔-约瑟夫的论点是，杰里科城墙的功能及其建造的目的和贝达城墙的一样。

这些相互冲突的解释，究竟哪一个才是正确的？杰里科的城墙的确十分宏伟，在一些地方"有两米多厚，而其西面仍有四米高"（Dorell，1978：15）。在城墙之内，有一个高塔，塔最高层的直径超过九米。但是将这个城墙和塔作为防御工事的主要证据似乎十分简单：由于缺乏与之相反的其他线索，因而任何城墙都可以被认为具有防御功能。

---

① 译者注：剥蚀在地理上是指流水、大风和波浪对土地的长期破坏。

② 译者注：河漫滩也称洪泛平原或泛滥平原，通常位于河流中下游，指由于河流堆积作用而形成的大片堆积体，是河流堆积地貌的一种。常在枯水季节露出水面，在丰水季节被淹没。

③ 1 英亩约为 4046.86 平方米。

于是，这个问题就变成，就杰里科城墙的功能而言，支持替代观点的事实有多可信。一方面，巴尔-约瑟夫在讨论这个问题的时候指出，用来抵御敌人袭击的塔，一般建在城墙之外。塔在城墙之内，其防御作用将被严重限制。但另一方面，在那么早的时期，杰里科的居民可能没有足够成熟的军事知识来了解这个事实。因此，对这个塔的功能，没人能提出合理的猜想。

在对杰里科的城墙进行解释时，最需要注意的是这座古代城市的地理位置。距离贝达不远的古老的杰里科，同样也建立在河漫滩之中，每年有两条河道会为其带来新的冲积土。如果考察古代杰里
138 科遗址，就会清晰地看到，在那个时期，由于降水丰沛，的确出现了大量的淤积。正如巴尔-约瑟夫向我指出的，如今这座古塔的高度，不如先前的冲积扇高。建一座无法看到任何东西的塔，没人能想象出其确切的目的究竟是什么，而比较明确的是，杰里科所在的冲积扇淤积持续了很长一段时间。城墙最厚、最高的部分面对着出现河道的丘陵，因此可以认为，建造城墙可能是为了保护市镇免受淤积影响，而不是为了防御。

当发现确实用于防御工事的城墙时，它们的作用是显而易见的，但是这种城墙的年代不早于公元前 5500 年。为了了解何时发现第一个防御工事，我们可以简单地看看亚洲西部的广大地区。

在突厥斯坦南部的两座城市中发现了其最早的城墙，这两座城市在公元前 5300 年到公元前 4300 年为人们所居住："亚兰加奇山丘（Yalangach Tepe）和穆拉里山丘（Mullali Tepe）以 0.5～1 米厚的城墙为要塞，在城墙上，有等间距的圆形塔状房屋。"（Mellaart，1970a：300；原文为俄文）

在叙利亚沿岸，最早的城墙可能可以追溯到公元前 4500 年的拉斯沙姆拉（Ras Shamra），即古代的乌加里特（Ugarit）：“引人注目的发现是，防御工事的遗迹达到了哈拉夫文化①的水平：这是一种坚固的、倾斜的堡垒，并带有由很重的石头筑成的护岸，在早期，这些护岸包围了土丘的东北部。”（Mallowan，1970：418）有证据表明，在这个阶段末期，这个地区遭遇了暴力入侵，乌加里特被洗劫一空并被烧毁。

在安纳托利亚，有两座城市也值得留意，因为它们存在的时间跨越了出现防御工事之前和出现防御工事之后的时期。其中之一是梅尔辛（Mersin），这个城市在早期是完全不设防的。梅尔辛最早的防御工事出现于十六期，大约可以追溯到公元前 4300 年。这之后，梅尔辛的要塞遭到了攻击，其市镇被烧毁，而人民则被屠杀。（Gerstang，1953）另一个地方是哈吉拉尔（Hacilar），在公元前 7000 年左右，人们在这座城市居住了两个世纪，而后这座城市被废置了大约 1000 年，然后在公元前 5800 年左右重新被人们居住，人们在此建立了一个新的村落。这个地区，在完全不设防的年代，估计有 250～300 人；而在公元前 5400 年，哈吉拉尔成为一个有城墙的城市，并且人们在此发现了成堆的石弹。它在公元前 5250 年被洗劫一空并被烧毁。通过与格外大型的防御工事一起重建，哈吉 139
拉尔在其又一次被攻击、被屠城和被毁灭之前，幸存了 150 年。（Mellaart，1970b）可能有趣的一点是，距哈吉拉尔不远的、存在

① 译者注：即在哈拉夫遗址所发现的一种新石器时代文化，该文化的特征是釉陶上彩绘几何和动物图案，其存在时间可追溯至公元前第六个千年。哈拉夫遗址是叙利亚东北部哈塞克省的一处考古遗址。

于公元前6500年到公元前5600年左右的加泰土丘城，却从来没有任何防御工事，也没有任何战争的迹象。（Mellaart，1967）

在西亚的其他地区，例如伊朗、伊拉克、亚述，在公元前第五个千年到第六个千年，也没有防御工事。直到公元前第四个千年，防御工事才在其各地变得普遍。当我们发现防御工事时，我们便也发现了战争的清晰证据：烧毁城市，屠杀城民。如果这个地区在这之前出现过这种战争，那么我们将在此找到一些证据。在史前时期的西亚，从公元前5500年左右到公元前3500年，袭击、战争和摧毁开始出现、增长并广泛扩散。而在公元前3500年之后，战争从未间断过。

战争为什么会开始？是什么导致战争最终变得如此常见？显而易见，可能有多种多样的原因，并且爆发组织化战争的原因和促使战争延续和扩散的原因可能并不一样。考虑到所有这些不确定性和难题，我们仍有必要考察是否存在任何表明战争爆发的基础。我们显然不能把战争归因于人类各种可能的特性，因为在打斗和冲突出现之前，人们已经在没有战争的情况下生息繁衍了许多年。为了获得一些可信的依据，我们必须考察当时的条件以及在战争开始和扩散时发生了其他什么事。诚然，所有这些都只能停留在推测和猜想阶段，但至少与防御工事的普及相一致的过程，可以部分地引导我们的猜想。

随着农业的扩散与集中，随着对耕种农作物和饲养家畜的日益依赖，出现了包围在城市周围的坚固的防御性城墙。例如，东欧的农业活动比西亚晚了大约2000年，其最早设防的城市大约只能追溯到公元前3500年。（Phillips，1980）在密集型农业和战争之间，在这些活动之间，是否存在某种关联？

我们必须牢记，虽然这几千年的考古学记录主要讲述了村落和城市的故事，但并不是全人类都已经在一个常年居住的地方定居下 140
来。村落和城市是考古学家们更容易发现的地方：数百年来居住在一个地方，留下了大量可被发现和挖掘的明确证据。此外，城市的发展和农业的发展是决定人类大部分未来的重要进程。自然，考古学家们的想象力在这些事情面前也败下阵来。比方说，对于公元前第五个千年，我们无论如何都无法估计当时季节性流动的人口所占的比例有多少，而主要或完全依赖狩猎和采集的人口所占的比例又有多少。不过，我们可以确定的是，在那个时期，这些群落的确存在于西亚地区。事实上，这些群落至今仍然存在于世界各地。

为什么一些群落继续流动并继续以野生植物和动物为生？这是一个有趣的、没有答案的问题。不过，在此我们对这个问题无须太过关注。可能他们没有发现能使他们定居下来的有利位置；可能已经发展出其他的社会或社区活动，这些活动不利于在某个地方定居。不管是什么原因，总之这些流动的群落继续存在着，虽然在过去几千年中这种群落的数量不断减少，但他们依然存在着。

在前面的章节中，我们花了很长的篇幅讨论同一种动物和植物的野生品种与驯化品种之间存在不相容性。野生品种出现在驯化品种中，将成为杂草或威胁。野生粮食作物和野生动物在从事农业生产的聚落附近无法兴盛。但显而易见的是，同一种食物来源的野生品种和驯化品种之间存在的不相容性，在不知不觉间，为农业、定居聚落和猎捕野味、采集野果的群落带来了水火不容的两种生活方式。农夫无意间消除了猎人和采集者的食物来源。这两种不同的生活方式不会在同一地区同时存在。并且，随着定居农业聚落在数量上的增长，随着他们在公元前第四个千年和第五个千年的增长，这些问题波及的范围在不断扩大，问题的严重程度也在不断增长。

那些由于食物来源变少而继续依赖野生食物来源的群落，发生了什么？考古学记录几乎无法给我们任何信息。毫无疑问，他们会
141 迁移到远离农业聚落且更容易获得食物的地区。为了生存，一些群落可能不得不放弃他们先前的生活模式而诉诸农业。但仍有一些人类群落，不愿意放弃他们的生活方式，也不愿意离开他们视为领地的地方，他们往往把农业聚落的家畜和谷物储备当作补充性的食物来源。

不难想象，狩猎者会逐渐变成袭击者。定居的农业聚落为了保护他们的食物来源会做出一定的反应，那么，其他东西，诸如用来阻止袭击者的城墙，用来反抗袭击者的武器，便不难想象了。两种不同的生活方式之间的不相容是光荣的战争活动的原型——这种观点可能有点草率。随着时间的流逝，其他类型的冲突也会出现在不同的群落之间，而这些冲突往往会带来组织化的战斗。此外，随后促使战争持续的因素可能在更早之前就已经在当地小规模地出现了。但在那个时期，猎人-采集者和农夫之间的水火不容是与生俱来的，并且可能是主要的因素。并且其时间上的一致性也不容忽视：包围城市的城墙紧跟在农业活动密集化之后出现。

从长期来看，在战争中，定居聚落注定会取得胜利。一则，正如我们所看到的，由于定居聚落有更高的生育率，因而他们在当地的人数更多。如果他们修建了坚固的城墙，那么他们便多少能够抵御袭击。但如果袭击在各处胜利了，那后果可能是灾难性的。之后

普遍的战争模式是袭击，而不是征服。城市被洗劫并被烧毁的最早证据表明，袭击者并没有占领或控制或统治这个地区，他们只是过来抢掠他们想要的东西，而后扬长而去。城市因此需要重建，并且最好重建一个更坚固的防御工事。

但随后的战争模式并不是这样的。例如，我们发现，大约到了公元前 3000 年，在美索不达米亚，在依赖农业的定居城市之间也存在频繁的战争。显而易见，组织化的战争起源的条件及其维系与被催生的条件并不一样。如果在一个社会中建立一套体制，尤其是一套强有力的体制，那么，即使这套体制最初的功能已经消解了，
它也不会轻易消失。组织化的战争最初的确建立了一套强有力的体 142
制，在这套体制下，士兵受统治者领导。这种手段可以用于各种各样的目的。最后，军事力量的使用成为人类生存中常见的、公认的、光荣的一部分。

随着对农业依赖性的提高，为了维持日益增长的人口规模，适宜农业的土地变得相对贫乏。而随着农业规模的扩大，能够有效开展农业活动的地区变得越来越少。当人类需要诉诸人工灌溉时，适宜农业的土地面积甚至进一步缩小。因为只有大河谷才可以支持大规模的灌溉并养活大规模的人口，因此，在军事活动的帮助下，控制这样的土地自然是再好不过的。由军队所维系的最早的大规模社会，会出现在埃及、美索不达米亚、印度和中国，这绝非偶然。

在此，我认为组织化的战争是最近才发生的，我将对其开始的原因进行合理的思考。一旦战争开始，它便会带来多种后果并且其目的迅速变得多样化。在此，我无意于探讨战争后来是如何发展的：除了控制领地之外，战争后来如何逐步成为保护贸易路线、获

得组织化劳动力和积累财富的手段。作为人类社会的一种新发明，战争成为人类生存不可分割的一部分，因此，在罗马政府之前，西亚地区不断地卷入战争之中。战争在这个地区无休止地进行了至少3500年，只有在理解了这一点之后，我才明白罗马治世的最大意义在于300年的被动和平。

第十二章
组织化社会和奴隶制

人类聚落规模的稳步增长，新技术的层出不穷，组织化战役的 145
广泛增长和对灌溉农业的普遍依赖，极大地推动了高度结构化、组织化社会的发展。所有这些因素都使得组织化劳动力需求持续增长。劳动力如何获得？其答案至少部分在于，俘获他人并奴役他们。一个多世纪以前，布莱克写了一本令人印象颇深的关于奴隶制历史的书（至少在它所属的时代里令人印象颇深）。早在这本书中，他便认为，这个命题令20世纪的人类感到震惊，他说："在能够追溯的最早的人类种族历史中，我们就发现了奴隶制的存在，这无疑是令人好奇的。"（Blake，1858：2）

5000年前，已经存在高度发达的社会，尽管当时的技术不如今天的先进，但其艺术、伦理和道德则已相当成熟。不过它们的伦理和道德，的确和今天的不一样。伦理和道德迅速发展，基础生物特征的变化则十分缓慢。

人类的奴隶制究竟是无处不在，还是只存在于被特殊条件促进与推动的情况下？自布莱克写成那本书之后120多年来，已经发掘了更新的遗址，发现了更多早期的文字记录，并且在辨认古文字方面也更加先进。总之，关于奴隶制，我们现在拥有更多的信息，因此对其进行再考察，是十分有意义的。

首先是关于证据的性质和诸如“迄今为止能够追溯的最早的人类种族历史”这类说法的内涵。如果读不懂文字记录，我们便无法获得是否实行奴隶制的可靠证据。毫无疑问，绘画和雕刻中并没有人们从事劳动的证据；画着双手被缚的俘虏或囚徒由全副武装的人看守的图画，也同样模棱两可。它们无法说明他们是人类在努力劳
146 动，而不是被俘或由于犯罪而被惩罚。只有文字记录才能告诉我们，人类是否被当成一种财产，被购买、出售，并被希望完成他们所抗拒的工作，就像我们希望我们买的猎狗在打猎时能准确且无条件地执行我们的命令一样。

因此，奴隶制的历史内在地限定于“史”这个词的传统意义之中，开始于文字出现之时。在这之前，是史前时期，关于这个时期我们只能推测。对考察早期社会来说，不幸的是，这一时期的历史在不同的地方出现于大不相同的时代。正如我们所知道的，最早被辨认的文字来自苏美尔，苏美尔是底格里斯河和幼发拉底河河谷中诸多城邦的松散联合，也即如今的伊拉克南部；同时也来自埃及。在这两个地方，文字大约出现于公元前 3000 年。

目前发现的许多苏美尔泥板，有许多关于公元前第三个千年的社会的记录。而关于这一时期早期埃及社会的记录，则主要来自为数不多的镌刻在石头上的文字，这些文字的内容往往是嘉奖一些重要人物的成就。

对这一时期印度河流域广阔的社会历史，我们一无所知。因为我们没有发现任何可以辨认的文字。随后，在公元前第二个千年来

到印度的印度-日耳曼人（Indo-European）也没有留下任何文字。但他们的习俗、信仰和历史在不同时代之间得以口口相传。直到公元前 800 年，印度-日耳曼人才用梵语把这些事务写到吠陀经中。在中国，已知最早的文字只能追溯到大约公元前 1500 年，并且所发现的这些文字主要是龟壳上的预言或卜辞。

当我们站在历史的长河中往回看时，我们的目光在空间上、时间上都不太平衡。有人认为，尽管布莱克是正确的，但无论在哪个时代、哪个地区，我们都能看到有序组织、高度分层的社会，在这些社会中，人类的奴役体制根深蒂固。

对于非常古老的、大约存在于公元前 2500 年之前的埃及，我们其实知之甚少。但即便十分微弱的证据也能表明人类社会中存在着奴隶制。在埃及，可能只有最高阶层的人才拥有奴隶。这个古老帝国的陵墓中的物事，呈现了帝国的贵族、祭司团体和成群的劳动者，这些劳动者可能大部分是贵族的奴隶。据一位权威者所言，在 *147*
这些物事中，不存在自由的农民、工匠或伙计。（Erman，1894）这些人必然在当时的社会中大量存在，但由于他们不是贵族的财产，因而他们没有出现在陵墓中。

可能更令人信服的是一首古老的诗（年代不详），这首诗说到一个织工“得终日于家中劳作，倘使他想外出，则需贿赂门房”（Erman，1894：101）。有更多的证据充分表明，在埃及第十二王朝（大约在公元前 2000 年），即使比较普通的家庭，也有奴隶，这些奴隶有男有女。

到公元前第二个千年，文字描述变得更加丰富。在拉美西斯三世（Ramses III）统治时期，奴隶像土地或牲口一样，是一种财产。

奴隶的名字会进入官方的登记簿，奴隶则会被烙上官方的印章。“文士们瞧不起这些奴隶，认为他们没有心灵，换言之，他们没有理解能力，因此他们理应像牲口一样为棍棒所驱赶。”（Erman，1894：128）这些奴隶是战争和袭击中的俘虏，其数量必然相当可观。拉美西斯三世死时，留下了一个清单，这个清单记录了他在位期间为埃及庙宇所做的贡献。这个保存完好的莎草纸清单列明，除了其他东西之外，还有 113433 个奴隶作为不同地方的敬拜贡礼。很难说这个数目由于自我提升[①]（Self enhancement）而有多少夸张的成分，但可以确知的是，其奴隶的数量一定十分庞大。

根据可靠的考古学证据，古代中国的奴隶制开始于时值商朝（Shang dynasty）的公元前 1500 年。但在写于西汉时期的《史记》一书中，有依据表明，奴隶制存在于更早的时期。它指出，在大约公元前 1850 年的夏朝，人们会奴役战俘。它还指出，在更老的、几乎只存在于传说中的三皇时期，中国不存在奴隶制。当然，对一个生活在奴隶制变得十分棘手的社会中的人来说，2000 年后的他所做的这种事实论断是令人怀疑的。

奴隶制最早的当代文字证据来自商朝的甲骨文，甚至在这些证
148 据里也存在相左的观点。在郭沫若［Kuo Mo-go，306，由何炳棣（Ping-ti Ho，1975）引用］的解读中，他认为“众”（字面意思是“大众”）一词常常作为“奴隶”在甲骨文中被提及，因此，他认为商朝是一个彻底的奴隶社会。何炳棣（Ping-ti Ho）则反对这一观点，他提出了令人信服的证据，证明“众”并非指奴隶，而是指众

① 译者注：自我提升属于一种积极的自我偏见，即通过“吹牛皮”式的自夸、自我肯定或积极自我评价，在社会比较中保持和提升自尊。

多手艺人和农夫。不过，他接着说：

> 虽然商朝不是奴隶社会，但这并不意味着商朝就不存在奴隶。甲骨文记录和考古发现都证实了奴隶群体的存在。大多数奴隶，不管是皇室的奴隶，还是那些用于活人祭祀的奴隶，几乎都是战俘。(Ping-ti Ho，1975：308－309)
>
> 值得注意的是，奴隶最多的民族是羌族（非汉族人）。他们居住于山西西南部和陕西的部分地区。羌族在狭义上可能指原藏民，但广义上则指所有居住于商王国西北部的非汉族人。大量的羌族战俘成为皇家的奴隶，成为马夫，有些也成为农夫和辅助兵[①]。(Ping-ti Ho，1975：310)

也就是说，对于这一时期存在奴隶制这一看法，不存在分歧和争议。唯一的分歧是，这一时期奴隶使用的普遍程度。

根据何炳棣（Ping-ti Ho，1975）的说法，在商朝的甲骨文中并不存在“奴隶”的统称。在西周时期的甲骨文中，存在这样的统称和文字，它的字面意思是“蛮夷部落”。

到那时，奴隶制的发展无疑已经相当可观了。以下是两个青铜器上的铭文：

> **文件 1：青铜器上的铭文**[②]
>
> 皇帝攻占贾地，并征服贾侯。贾侯向皇帝进贡，以示对周天子的完全归顺与忠诚。贡礼如下：十族士、一百庶人。

---

① 译者注：所谓辅助兵，是指和正规军或主要战斗兵相比，在军队建制或战场地位上处于低下、次要地位，或游离于当时正规军编制之外却又有一定官方合法色彩的武装力量。

② 译者注：这里是叙述铭文的大意，并非原文。下同。

文件 2：青铜器上的铭文

九月，周天子召见门（Men）（他的一位大臣）。我的一些大臣，出色地侍奉了我的先祖们。我将参照先祖的礼制，给他们应得的赏赐。

149 任祖南公为诸侯，并赐土地和人民。

他还应有权佩腰带和尊贵的徽章。

赐汝邦司四伯，六百庶人，仆人五十，九农夫。

赐汝邦司十侍，三伯，一千庶人，五十农夫。

你们快快执行这些命令，快快让这些贵人得到封赏。

（个人翻译[1]）

在随后几百年中，奴隶制继续蓬勃发展，并在中国社会的运行中变得越来越重要。已有充分的证据表明：到汉朝，中国已经成为一个完全意义上的奴隶社会。（Wilbur，1943）

在印度河流域，高度组织化的社会大约存在于公元前 3000 年，并且可能更早。在当时，至少有两个大城市：印度河边的摩亨佐-达罗和拉维河沿岸的哈拉帕。在这两个城市中发现的文物和在埃及、苏美尔发现的文物表明，这三个组织化的社会之间的确存在着往来和贸易。在哈拉帕这座城市中，发现了大量的印章，上面写有“文字”。不幸的是，这是一种完全的象形文字，而非音形文字。所有这些文字都没被破译，因此，对于奴隶制之类的问题，我们一无所知。

在公元前第二个千年上半期的某些时候，这些城市被入侵的印

① 译者注：原文为本书作者根据金文翻译的英文。

度-日耳曼人、雅利安人摧毁。这些人的语言是梵语，并且他们也的确留下了有关社会、文化和宗教的文字记录。在这些记录中，最古老的是《梨俱吠陀》（*Rig-Veda*），它主要记载了宗教信仰和活动，同时也记载了从早期入侵到大约公元前 1500 年的历史。

> 《梨俱吠陀》告诉我们，雅利安人进军印度遭到强烈的抵抗。雅利安人这样描述他们的敌人：肤色黝黑、没有鼻子或鼻子扁平、说话恶毒、不尊敬雅利安的诸神、不遵守雅利安人的宗教仪式，但他们拥有丰富的物质财富，生活在坚固的城市
> 里。……雅利安入侵者最终战胜了非雅利安人，许多非雅利安 *150*
> 人被屠杀、奴役或被驱赶到更远的内陆。（Gokhale，1952：22）

据戈卡莱（Gokhale）所述，《梨俱吠陀》将雅利安社会分为三类：士兵-管理者、牧师和农业-工匠。“从被征服的非雅利安人那里俘虏的奴隶从事所有卑贱的工作。”（Gokhale，1952：24）。

显而易见，奴隶制从我们所知的最早年代便开始实行了。《梨俱吠陀》中随处可见与奴隶制相关的依据，其中许多是由查托帕迪亚（Chattopadhyay，1970：4－6）所特别提及的。并且我们再次得知，这些被奴役的人是战俘，他们有男有女。值得注意的是奴隶的早期称谓。“那些和雅利安人战斗的人被称为‘达撒’和‘阿修罗’。这两种称谓是截然不同的，虽然后来两者都被称为‘达撒’，意即‘奴隶’。”（Chattopadhyay，1970：6）

我们把古代的苏美尔留到最后，是因为它的记录最为完整，它存在大量比其他任何社会都更早的文字记录。事实上，可以很好地

推断奴隶制存在的最早文字，可以追溯到美索不达米亚的杰姆代特奈斯尔（Jamdat Nasr）[①] 晚期，大概为公元前 3200 年。在由伍利（Wooley，1954）指导挖掘的乌尔遗址中，从地层中发现了大约 400 块泥板，它们表明了遗址的所属时期。当时的文字还不是我们所熟悉的楔形文字，而主要是象形文字。这些泥板代表了从苏美尔楔形文字发展而来的类文字体系的晚期阶段。正如我们所料，绝大多数泥板都是商业交易的记录。大多数是“谷物和谷制品（面粉、面包、啤酒等）以及牲畜的清单；有 70 宗与地产有关的交易；有四块列着男性的名字，大约 20 篇学校课文，有些则列出了诸神的名字，还提到了许多庙宇”（Wooley，1954：46）。

问题是，那四块列有男性名字的泥板，是用来做什么的？当然，它们可能是学校老师或者商人的名单。但是，在这么多商业交易记录的背景下，这四种泥板更有可能也代表了某种商业交易，即奴隶交易。

151 更深入、更扎实的证据可以追溯到公元前 3000 年左右，在苏美尔文字中，最早的奴隶标志由男性（或女性）标志和“库尔”（kur）标志合成。“库尔”指山和国家，因此，它意味着相对于苏美尔低地之外的其他国家。

> 事实上，“库尔”这个词从来没有用来形容苏美尔人自己的国家，却逐渐成为形容其他国家的统称词。我们可以从语言学证据中得出结论：“奴隶”一词的最初概念包含着“外邦人”

---

① 译者注：杰姆代特奈斯尔文化为西亚的铜石并用时代文化。因发现于巴比伦城址西北的杰姆代特奈斯尔而得名。约于公元前 3100 年取代乌鲁克文化而兴起，至前 2900 年苏美尔早王朝建立时结束。主要分布在美索不达米亚南部。

的意思。从这一点可以推断出，早期的奴隶（如果不是第一个奴隶）是战争和报复性袭击中的俘虏。(Siegel，1947：9)

在法拉（Fara）和乌鲁克的挖掘中发现了含有男女奴隶标志的泥板，这些泥板普遍被认为可以追溯到公元前3000年左右。

直到公元前2100年或公元前2200年的乌尔第三王朝，才存在更多关于奴隶制实践和法律的大量信息。但到这时，奴隶制实践已经发生了很大的变化。我们随后将回到这一时期。但现在，让我们先考察一下早期奴隶制的特征，并推测奴隶制的起源。

在我们所能讨论的最早时期，四个讨论过的主要社会在奴隶制问题上都有明显的相似之处。首先，奴隶制为人们所实践、所接受，并且毫无疑问地在我们能够考察的时代之前已经存在了好几百年。其次，奴隶，无论男女，都是外邦人，都是战争或报复性袭击中的战俘。事实上，在苏美尔和印度，"外邦人"这个词成了"奴隶"的代名词。在中国的早期，没有对奴隶的统称，但用"羌族"这个词来泛指非汉族的外邦人，而这些人中的绝大多数（如果不是全部）是被奴役的人。

这种语义上的变化是不言而喻的。它们甚至出现在相对现代的时期。在罗马帝国土崩瓦解之后的一段时间内，奴隶制在欧洲是一种相对罕见的现象，因为能够奴役的战俘寥寥无几。仅有的战俘是那些在东部边界与斯拉夫民族之间进行的零星战斗中被俘虏的人。罗马语中的"奴隶"（servus）一词，也改变了它的意思，从最初的"奴隶"（serf）变为后来的"仆人"（servant）。而"斯拉夫"（Slav）这个词用来形容新近被奴役的人，它成了奴隶的统称。

在最早期，没有任何迹象表明除了外邦人之外还有其他任何人 152

被奴役。事实上，在总体上，他们对内群和外群有明显的区别对待。外群代表着奴隶的潜在来源。正如我们将看到的，这种明显的区别对待在后来被消解，随后又出现了法律，这些法律至少部分禁止了群体内部的奴役。这种区别只在中国被最终打破了。

奴隶制是如何开始的？它为何会开始？几乎难以想象的是，在奴隶制存在的很长一段时间里，人类生活在很小的群落中，以狩猎野味和采集野果为生，他们随着季节的变化或某一地区食物的匮乏而不时地转移营地。那么，在那时，奴隶们会做什么呢？他们如何受到监督和约束？为什么需要他们？

一种貌似合理的看法是，只有在定居的人类群落中，只有在高度依赖驯化的谷物作物和动物之后，才需要组织化的劳动力，只有社会分层相当发达之后才会带来为有权者服务的佣人，只有在那时候奴隶制才是有用的、有益的制度。

但这远远不够。这种想法产生在一些人之中，这些人可以俘虏其他人并迫使他们完成需要做的工作。这一巧妙的想法显然早在奴隶制开始之前就已经出现了。事实上，产生这个想法的是狩猎采集者。

例如，戴维斯和瓦拉（Davis and Valla，1978）清晰地证明了，狗在公元前 12000 年就已经在亚洲西南部为人们所驯化。有些人，或者有些群落，产生了不寻常的想法，这个想法是，俘获一只动物，训练它，让它帮助猎杀其他可作为人类食物的动物。究竟驯化动物的过程是否顺畅，在此我们不作讨论。重要的是，人类的创造力和智慧使之产生了这样的想法，并且这种想法十分有效。狗在打猎中有很大作用。即使在今天，在现代的狩猎-采集者群落中，和

没狗的猎人相比，有狗的猎人也还是可以带更多的肉回家。（Lee，1979）

毋庸置疑，延伸这种想法是轻而易举的。随后，其他动物开始被用作发达的动力，用于运输和其他工作。把这种想法延伸到人类无疑也不难。把敌人、外邦人和看起来不一样或以不同方式生活的 153
人，当成适于俘虏、拥有和支使的对象，简言之，当成我们今天所说的奴隶，这个想法一定出现在为人所居住的世界各地。从某种程度上说，人类奴隶制的起源仅仅是使用动物做工作这一做法的延伸，这就意味着在内群和异邦之间存在着清晰而明显的区别对待。这种区别对待，正如我们所看到的，存在于最早期的社会里。

但这种区别对待在好几百年中都不严格。尽管赦令和法律在某种程度上仍然坚持，奴役内群成员的行为或多或少是非法的，但在经济困难和需要奴隶的情况下，奴役内群成员的做法会变得越来越成熟。有文件清晰地表明，在公元前200年的中国，存在奴役内群成员的现象，并且这种做法在那时无疑并不新鲜。威尔伯评论说：

> ……在中国以奴隶制为公认体制的所有历史中，经济困难往往是贩卖妇女和儿童的一个常见诱因。从汉朝初期到明朝，在中国百科全书内有饥荒记录的年代里，出现了大量贩卖儿童的例子。……近到1920—1921年，在50万人丧生的华北饥荒中，大量的妇女和儿童，尤其是年轻的女孩，被贩卖。尽管在那时，中国已经废除了奴隶制。（Wilbur，1943：85）

皇帝偶尔会颁布一些赦令，以解放那些因为饥荒而沦为奴隶的人。例如，在公元前202年，有这样一道赦令：“释放那些因饥荒

而卖身为奴的人，他们将成为平民。”（Wilbur，1943：268）

但这些赦令的实施效果如何并不清楚，因为买卖人口的做法仍在继续，而赦令也在重申。此外，这些赦令并不涵盖由于个人债务而非集体不幸而被迫为奴的情况。

外邦人显然始终是奴隶的主要来源。尽管最初的区别对待不太清晰，但奴役本群中其他人的意愿是明确的。诱拐一些人，把他们送到几百里之外并当作奴隶出售，这个现象可能可以很好地证实这
154 一点。公元9年的法令谴责拐贩人口的行为，公元31年、36年和37年的三个法令命令释放那些被拐卖、被奴役的人。这些法令都说明奴役本群内其他成员这种做法的盛行。

奴隶制在中国的发展是独立自主的。几乎可以肯定的是，当时的中国和印度、西亚及南欧之间没有任何往来。因此，讨论中国的奴隶制对于我们考察随后的奴隶制发展并不重要。让我们回到西亚，回到公元前2000年之前的美索不达米亚，看看奴隶制是如何发展的。

从乌尔第三王朝发现的泥板，很多主要是法庭诉讼和判决的记录。它们为这一时期奴隶制的一些面向提供了确切的信息。这些泥板清晰地表明，奴隶在这里也不再局限于外邦人。经济状况和债务导致对内群成员的奴役。下面这些由西格尔（Siegel）提供的例子，说明了当时的各种情况：

> 某个宁吉尔苏女孩说卖她的人不是她父亲。这场交易的两个证人陈述他们的证词，宁吉尔苏人对他们的陈述进行辩论。而后买这位女仆的人被要求对这次购买行为发誓，最后这个女孩便属于这位买主。（Siegel，1947：12）

> 一个那木尼恩人（Namnindu）称，她没有把她的女儿卖给丁吉尔人（Dingirsaga）。据说一个丁吉尔人花了5舍客勒银子，从一位母亲那里买了一个女仆宁赫芭芭［Nin(x)baba］。并且，他还会把购买泥板（合同）提交给法官。母亲在作证前便会妥协，并发誓在将来不会对其女儿提出任何要求。（Siegel，1947：19）

将孩子卖作奴隶显然是合法的，也是司空见惯的。但由于这种合同在一定程度上是伪造的，因此对自己卖自己的情形有一些约束。

> “交易完结。（乌尔）宁吉尔苏人［(Ur)ningišzida］……和……（赫）宁木格［(X)ninmug］发誓：（额）木鲁［(E)mulu］花了8舍客勒从（鲁）戈鲁汝答［(Lu)galuruda］的母亲那里买下了（鲁）戈鲁汝答；但卖（鲁）戈鲁汝答的钱由（鲁）戈鲁汝答本人保管。”
>
> 这份文件显然是一份交易合同。而且，这显然是合法的伪 155
> 造合同，把自己卖自己表达为……母亲卖孩子。母亲的名字未被提及，这一事实证明母亲在这场交易中无足轻重。（Siegel，1947：23）

还有一种被奴役方式存在。

> 在乌尔第三王朝，一个自由的人对另一个自由人的谋杀是犯罪行为，不仅要对罪犯处以死刑，还要对其整个家族进行奴役。（Siegel，1947：24）

显而易见，内群和外群之间的区别对待不再是绝对的。但它并没有消失，只是变得模糊了。内群奴隶的一些条件和限制，并不适用于外邦奴隶。例如，有迹象表明，由于某人谋杀了另一个人，他的整个家族为了经济赔偿而被奴役，等被奴役的时间足够久，他的家族便能重获自由。还有迹象表明，本邦奴隶和外邦奴隶受到的待遇不同，禁止任意贩卖本邦奴隶，尤其禁止将本邦奴隶卖到国外。西格尔对此总结如下：

> 毫无疑问，大部分被奴役的战俘和贸易买来的奴隶，都落入宫殿和寺庙中，有些也落到官员手里。此外，还有大量本地奴隶由于经济窘迫而被出售。……任何人都能获得除了他自己的孩子之外的劳动力。……频频要求自由的部分（本邦）奴隶，本身就说明他们受到的待遇温和，也说明了他们的地位很难与下层自由劳工、仆人相区别的事实。这些奴隶也受到国家的保护而免于被卖到国外。……战俘和外邦奴隶显然是一种财产，但本地奴隶与其他形式的财产在许多方面存在区别，且在法律上和社会上他们被认为是人。（Siegel，1947：49）

当然，本邦奴隶在法庭上频频提出的要求也可能表明，外邦奴隶和本邦奴隶之间的差别在不断弱化。《汉谟拉比法典》或许能给我们带来一些启迪。通过已发现的大量抄本，这部可以追溯到公元
156 前 1900 年左右的法典，几乎已被完全还原。

《汉谟拉比法典》并不是一部现行法律的完整汇编，也不是一部新的法规。事实上，它与 200 多年前的一些法典片段几乎相同。《汉谟拉比法典》似乎选择性地重申了该地区多年来一直坚持的原则。德里弗和麦尔斯指出它们代表一套理应被重申的原则，而不是

一套法规："那些保存完好的法律文件和报告构成现行法律文本的措辞，这在浩瀚如烟的法律文件与报告中，并不是孤例。事实上，在他们的文件中，不管是法官还是私人，都认为它们具有非书面的约束力。"（Driver and Miles，1952：53）德里弗和麦尔斯认为："汉谟拉比所选择处理的对象，仅仅是那些他认为需要在再版中修改或强调的部分。"（Driver and Miles，1952：45）

重要的是，汉谟拉比可能认为奴隶制有很大一部分需要修改或重申，这说明奴隶制显然遇到了社会和法律问题。在这些法律的282个段落中，至少有35个段落与奴隶和奴役有关。这些段落处理了诸如为奴隶主生儿子的奴隶女孩的特殊权利问题，嫁给奴隶的自由人的地位和继承问题，伤害他人的奴隶处理问题，奴隶交易中的欺诈行为，处罚帮助或者允许奴隶逃跑的行为，为奴隶的行为承担责任，以及其他各种问题。

特别重要的是，在这些段落中涉及本邦奴隶和外邦奴隶之间的区别，以及对奴役、出售本邦人的限制。例如，有两段（第280段和第281段）规定，如果一个被卖到外邦的奴隶归国后，被发现是土生土长的本邦人，那么他将自动获得自由。所有评论都认为，这个规定也再次肯定了将本邦奴隶卖到外邦是非法的。也有许多段落涉及因债务被扣押或因偿还债务而被出售的家庭成员的奴役条件。还有对虐待的处罚（第115段和第116段）和对本邦人奴役三年的时间限制（第117段和第119段）。

这些不同的部分代表着对反常出现的问题进行处理的尝试，这是一个合理的假设。事实上，禁止向外邦出售本邦奴隶的条款和对 *157*
本邦人因债务而卖身为奴的时间限制，也出现在《亚述法典》和之后的希伯来法中，尽管在奴隶制晚期，允许奴役本邦人的时限已经变成了六年而不是三年。

除了因为债务而奴役本邦人之外，古代社会的奴隶制显然还有其他许多问题。《汉谟拉比法典》中大量的法律条文也证实了，奴隶制往往和麻烦相伴相随。人类并不能很好地适应奴隶制，例如，奴隶们常常逃跑：

> 奴隶逃跑似乎屡见不鲜：不仅卖方会在交易合同中让自己规避奴隶逃跑或死亡带来的损失，而且有文件涉及对逃跑的奴隶进行安全拘留或将其归还给原来的主人。（Driver and Miles，1952：105－106）

同时，也会对窝藏逃亡奴隶的行为进行严厉的惩罚，并对归还奴隶的行为进行奖赏。（Mendelsohn，1932）

尝试逃跑并不是奴隶唯一的问题。从罗马帝国时代（也可能在那之前，尽管我们未进一步探索）开始的整个奴隶制历史，也是一部奴隶的反抗史。一般来说，奴隶是贫穷的劳动者。此外，奴隶繁衍后代的数量一向有限，因此，需要通过不断地征服或贸易来增加奴隶来源。如果新奴隶的来源被切断了，奴隶的人口规模便会持续显著且迅速地缩小。

可能有人会困惑，奴隶制存在这些问题，为什么还是越来越盛行呢？为什么它会作为一个正常的、可接受的体制持续了这么久？我们很难估计在巴比伦、亚述、波斯等历代帝国中奴隶的人口规模究竟有多大。通过对人口普查数据和粮食产量的仔细考察，萨金特（Sargent，1924）估计，在公元前第五世纪和公元前第四世纪，希腊的奴隶人口规模其实非常大。例如，据估计，阿提卡“在公元前第四世纪后期，其自由民的数量为 93000 人，而奴隶则有 60000～70000 人”（Sargent，1924：128）。而其他地区，例如希俄斯岛和拉凯戴孟[1]，所拥有的奴隶比例则可能更高。

在罗马统治时期，奴隶的人口规模比古希腊时期更高。如果没 158
有人类奴隶制，政府管理、工业、矿业和手工业便将无法运行。（Louis，1965）我们不能简单说奴隶制是失败的。在 350 年的时间里，这套体制日益成为西亚和欧洲地区的基本经济驱力。它被认为是成功的，至少在它所处的时代里是成功的。只有当罗马帝国开始削弱时，奴隶制才开始衰落（尤其是在欧洲），最终几乎没有新俘虏来的奴隶了。

为了更好地理解人类和人类社会，我们必须强调的是，奴隶制不仅被认为是正常的，而且为宗教和道德信念所强化。希伯来人的宗教支持奴隶制，它只反对过度地奴役其他希伯来人。基督徒的宗教也赞成奴隶制，并劝诫奴隶们忠于他们的主人。基督教承诺一定程度的平等，但这种平等只有在死后才会实现。宗教和道德仅在奴隶制活动开始衰落之后，才开始谴责奴隶制。

奴隶制所提供的劳动力确实是被胁迫的、棘手的，且往往是不可靠的。但这种劳动力又是必需的；从农业最早的起源开始，组织化的劳动力就是必需的。因为谷物必须在短期内种植并收割；动物的繁殖、喂养和宰杀必须有人操作。当发现旱作农业远远无法维持产量时，便需要挖掘、维修灌溉运河；当开始使用金属时，便需要

① 译者注：即古代斯巴达的别称。

开采、冶炼矿石。

谁来做这些工作？答案是那些被俘虏或被购买的人，或者甚至是那些欠债的人，他们不得不至少是暂时地被迫进入奴役状态。奴隶制解决了这些工作的劳动力供应问题。在欧洲，奴隶制的重要性有所削弱，是因为奴隶难得，而不意味着这里恰好存在更合适的或更有效的方式做好这些工作。在很长一段时间内，这一状况对经济产生了极大的影响，一个可能的设想是，它对几百年后农业机器、采矿机器和工业机器从 20 世纪的西方世界消失也可能产生影响。

第十三章
反思当下

我已经描绘了一个关于人类的图景。人类这种智慧的动物，应 159
用他的聪明才智去开发和控制他所处的世界，遭遇并解决了他的行动所带来的意外后果。当然，对于人类这个高度复杂的动物来说，这并不是一个完整的图景，但这是一个重要的、无法否认的面向。

工具的制造、火的控制和其他发明，使这个物种得以更有效地开发环境资源，并扩张到之前无法居住的地区。这些发明使得在100多万年的时间里，人类完全依赖于技术，没有技术，这个物种将无法存活。

狩猎工具的完善、可用食物种类的增加和储存食物方式的发明，使得一些群落安定下来，并在同一个地方长年定居。这反过来导致了一个严重的问题，即当地人口不可避免地大量增长。

密集农业确保了当地可用的食物供给，但从长期来看，也带来了更大的脆弱性。我试着讲清楚下列观点：一系列问题的解决和新问题的产生，导致出现高度组织化等级化的社会、群落之间的组织化冲突和对大规模可控劳动力的需求。这意味着我们当今所处的复杂社会和技术世界的开端。

为了从史前时期和人类早期历史过渡到当下社会，我们需要略过技术和社会高速发展变化的2000多年。实际上，当代社会的技术、哲学、道德和伦理，在很大程度上源自我们所忽略的这几千年。但对古希腊、古罗马、中世纪和过去500年的风云变幻进行认真思考，还需要很多篇幅，而我们已经探讨的问题，对于理解人类
160 物种和重要变化如何及为何发生，已有一些启迪（至少我认为如此）。因此，根据我们已经掌握的图景，我想对当今社会进行探讨。

当今个体和社会存在大量问题，这是一个妇孺皆知的事实。对这些问题进行列举将显得极为乏味。不过，我们可以把这些问题分为以下几类：一些行将消失的问题、一些只是改变了形式的问题和许多持续出现的新问题。对这些问题的相继“解决”，我们在前一章中已经详细地讨论过了。不过，我们尚不清楚，人类社会是否充分解决了提供组织化的高效劳动力这个问题。奴隶制从未彻底消失，它在今天仍随处可见。但是情况发生了变化，因此它变成一种越来越无足轻重的体制。此外，“自由”人的工作似乎变得更高效、更可靠了。

在欧洲，在经济衰退时期和人口减少的中世纪早期，在随之而来的农业社会中，农奴制的运行似乎十分顺利。农奴不是奴隶，他们不是可以买卖的财产。他们是自由的人，与其领主有着个人的、相互的联系，并效忠于其领主。不同地区的做法千差万别，农奴对领主的义务也不尽相同。他们可能有义务每周花几天时间来为领主工作，也可以由各领主以不同的方式向他们征税，而且领主往往享有农奴继承权。

但农奴制作为一种行之有效的体制，并没有持续太久。它的消

亡与宗教、道德或伦理价值无关（事实上，教会是欧洲最大的农奴雇主之一），而主要与农业适应性有关。从 12 世纪、13 世纪开始，欧洲工业和贸易的复苏，使得农奴制再也无法为经济活动提供有效的劳动力。因此，农奴制的重要性日渐减弱。不过，有趣的是，在法国大革命之前，农奴制仍然是法国的一个法律制度。

在工业用水、用风及随后的工业用煤上，出现了更多的问题。工业越来越难以小规模、分散的方式存在。一方面，能源只有在能源附近的中心位置才能被有效利用。另一方面，现有体制无法有效解决为这些工厂提供劳动力的问题。英国的《圈地法案》（Enclo- 161
sure Laws）为这个问题的解决提供了生动的例子。这个法案通过使小农场主无法为其耕畜提供充裕的草料而促使大批农民离开农场，进入工厂。

对于如何提供组织化的劳动力，当今社会掌握了许多更巧妙的方法，并且也因此获得了许多组织化的劳动力。尽管最近的纽约地铁、公交罢工造成这个城市的主要交通系统瘫痪，但工人们仍表现出巨大的智慧和耐心，并费了九牛二虎之力坚持每天都去上班。旷工率非常低，这无疑是一个值得注意的现象。我们无法想象一个奴隶会以这种方式行事。

除此之外，还有更为严峻的问题。比如，该如何处理效率低下、滥雇工人、罢工、年资制度之类的问题？不过，对于解决这些由来已久的问题，我们也看到了一些曙光——一种新的解决方法方兴未艾，且必将进一步蓬勃发展。这个新方法其实非常简单，即消除对大规模组织化劳动力的需求。与计算机和微处理器控制相结合的现代技术显然使这种新方法成为可能。

这种趋势有几个主要的迹象。例如，包括美国在内的许多国家，已经出现了越来越多的“自动取款机”。取钱的时候，人们只需找到取款机，插卡，输入取钱数额，机器便会尽职尽责地计算并输出现金。由此大大减少了对人工的依赖。

在美国和日本，出现了一些新的汽车厂，这些汽车厂的许多功能由具有特殊用途的机器人自动完成。而我们也正处于成功引进“智能机器人”的边缘。这种“智能机器人”不是科幻小说中那种像人类一样行动的机器人，而是一种可以根据预编程序完成各种任务的自动机器。

这些技术发展的方向和之前的机器引进有着质的区别。在计算机控制之前，机器的目的在于提高人工的效率，而机器的设计也要
162 与操作机器的人相互兼容。而随着计算机控制的出现，机器设计便不再需要这种兼容性，因为往往不是由人运行这些机器。可以设计、制作和维修这些机器的高级技术人员日益成为唯一的需要。

绝非偶然的是，包括美国在内的许多国家，在诸如计算机编程和电子工程这一类职业中已经出现了严重的工人短缺，而那些缺乏技术技能的人则成为主要的失业人口。同样绝非偶然的是，诸如快餐店之类的服务业的就业机会大大增加。这类职业不怎么需要技能，不怎么需要培训，在这类职业中，员工的流动率带来的影响微乎其微，而这类职业的报酬无疑是低廉的。

新的问题无疑会随着这种革命性的发展而出现，但其最终的图景不会是贫困和厄运。事实上，我们可以期待一个充满潜力的时代，一个摆脱劳动的时代，一个生活安逸的时代。但是，正如人类历史上和史前时期所有解决问题的新方法面临的状况那样，新的不

可预测的问题将会出现在那些已“解决”的地方。

在这样的时代里，仍有许多人，无论被供养得多好，无论其生活条件有多奢华，也还是认为自己一无是处。我们几乎不知道也没考虑过这些人的心理和社会后果。人类这种富有创造力、充满智慧和发明才能的探索者和环境控制者，将如何适应这种新世界?

大多数人仍然相信，通过技术和新的社会体制，人类的想象力和智慧将有效地处理人类社会遗留的问题和新产生的问题。毕竟，过去相继出现的一系列问题，最终都被解决了。但这只是关于过去的其中一种观点。另一种观点则可能认为这些解决方法带来了不可逆转的变化，并且产生了无法预测的新问题，这些新问题比已经处理过的问题要大得多。

我们中的许多人会将这些无穷无尽的问题和解决方法视为进步。的确也存在一种倾向，认为任何一个不可逆转的变化都使我们向前迈进了一步。我们甚至无法在英语中找到一个无褒无贬的词语，以恰如其分地描述过去几千年的变化。只有我们不再用进步观 163
和人类的高贵形象来欺骗自己，我们才会看到，过去既是顺利解决老问题的榜样，也是未能有效预防新问题的典范。现代人在将他们的聪明才智应用到未来时，显然存在许多困难。

首先，我们这个物种的想象力是有限的。我们可以看到并发现已经出现在我们身上的问题，并努力寻找解决问题的方法，但在预见即将到来的新问题上，我们的能力是十分有限的。预测未来，往往变成对当下和过去的夸大、外推或含糊笼统的概括。例如，我怀疑，在 1920 年，每个人都会在不同程度上想象汽车的大规模引进将对生活模式和人口分布产生何种影响。回顾过去，我们不难看到它是如何影响郊区的发展、城市的衰落、铁路的减少、工厂的选址等各个方面的。但如今回顾过去已然为时晚矣，除了尽量解决新的问题，我们别无选择。

其次，我们这个物种很容易说服彼此，不仅认为当前的道德、伦理和生活方式是好的或者更佳的，而且认为它们是接近真理的。如今，我们会认为，选择性杀婴、祭祀异教的神或奴役人类的做法是野蛮的，但在早些时候，我们则认为它们是合理的、光荣的、道德正确的。我们所做的事情永远是对的。例如，对那些为贫困地区的人提供医疗技术和援助的人，没人会质疑他们的善良本性，但他们的帮助大大降低了那些地区的婴儿死亡率，并导致人口激增，从而与这些地区的长期贫困虚拟相关。现在有些地方的人口规模已经相当庞大，并将不断产生新的人口，人口增速将会导致其规模在三十年内扩大一倍。

再次，尽管在现存物种中，我们可能是唯一一个具有逻辑思维的物种，但获得这种思维并非轻而易举。只有非常少数的人擅长逻辑思考，大部分人对它都感到力所不及甚至陌生。最近代的例子是，在高度文明的社会中，几乎所有的孩子都要学习算术，但大部分人可能永远都无法充分理解算术。我们找到一些不反感分数的成年人，其中许多在小学时甚至是成绩优异的学生，但如果让他们计
164 算三分之一加二分之一之和，他们还是需要再三思忖。有些人能够记住，但大部分人都记不住他们小时候死记硬背的相关规则。

学校在很大程度上通过要求死记硬背的规则和过程来教授算术，这种方式对于人们获得逻辑思考的适应性比什么都不做要好一些。脱离大众教育过程的这种尝试并没有成功。例如，不久前，

“新数学”浪潮席卷了美国的各个学校。这种方法反对常规的教学方法，而试图给学生们教授一些原则，以使他们能够真正理解数与数之间的关系。令人沮丧的是，它最终失败了。我怀疑，在学习那些年，是否有人能记住如何把七进制转换成其他进制，比如三进制，或者是否有人能记住它们是什么意思。逻辑思维对我们这个物种来说是非常困难的。也许，便宜、便携的计算器可以帮助人们克服算术问题，但逻辑思维依旧必不可少，且拥有逻辑思维的人依旧凤毛麟角。

户田（Toda）认为，我们迫切需要“文明科学”（science of civilization），他担心，个体将无法得心应手地应对速度过快的技术进步，以及随之而来的社区与社会变化。他把面对这种情况的人类社会比喻为“文明跑车”上的乘客（Toda，1982：13），这辆跑车的速度自动越来越快，渐渐地，乘客们意识到没人知道刹车踏板或方向盘在哪儿。文明科学的目的是发现刹车和方向盘，并学会如何控制这辆跑车。也许这样一门科学要做的是制作有效的刹车和方向盘。

令人惊讶的一点是，在 1982 年，还有人在呼吁文明科学。这不是社会科学共同体一直为之努力的事情吗？除了创造人的社会科学与人类社会功能和结构的科学之外，心理学家、社会学家、政治学家、经济学家、人类学家和历史学家还做了什么？如果户田所呼吁的新科学是合理的，那么必然是因为社会科学所积极完成的事物并没有完全阐明我们该如何面对不断增长的技术发展速度，该如何应对我们坚持称之为进步的以新问题取代老问题的过程。

为了重新审视我们该做什么、该如何运用我们的聪明才智去 165

“解决”问题、该如何比昨天走得更远，我们将以一个社会缩影即医疗实践为例进行说明。这会是一个很好的例子。因为医疗实践不是医学界强加给社会的，而是社会强加给医学界的，因此，我们可以把它看作是社会运行、社会价值观和社会目标的反映。

医学及其相关的支持学科与专业，在解决困扰了人类几百年甚至几千年的问题上，取得了极大的成功。社会想要摆脱疾病与病痛的困扰，事实上，在许多领域已经实现了这一点。我们不会再遇到鼠疫流行；霍乱作为一种可怕的致命疾病，现在变得十分罕见且容易治愈；天花已经消失，小儿麻痹也几乎消失了。凡此种种，不一而足。至于其他仍具威胁性的疾病，也有越来越有效的疫苗可以保护我们。我们对病毒、细菌和有毒物质的了解，使得与出生和儿童有关的死亡率大大降低，并使人们的寿命比早年更长。

这种成就令人印象深刻，它不仅仅是人类所独有的创造力和智慧的丰碑。但是，在根除疾病的过程中，又创造了两种新的疾病，即心血管疾病和癌症。或许“创造”这个词色彩过于强烈，我们应该说“上升到一种突出和流行的状态”。在鲜有人活到 40 岁的时代里，这些病痛十分罕见，毕竟它们在很大程度上都是老年疾病。

我们显然正忙于解决这些问题。每一年我们都会发现更多可以使我们避免基因癌变的物质。如果某人不幸患有癌症，他会发现癌症的治疗每十年便会变得更有效一些。心血管疾病治疗的进步速度更加惊人：越来越少的人死于第一次“心脏病发作”，并且就在前些日子，宣布批准了一种新药，这种新药极大地降低了第二次心脏病发作的可能性。如果我们不吸烟、对胆固醇水平非常关注、运动适当、定期检查我们的血压水平，并避免使人虚弱的压力，天知道我们多久之后才会碰到心血管问题。在我看来，在不远的将来，这种老年疾病将不再是造成死亡的一个主要原因。

然而，我们所追求的是什么？我们的目标是什么？正如我一个 166
朋友在得知有药物可以防止心肌梗死复发时所说的：“太棒了，这说明我们可以多活几年并患上癌症了。”不过，我这个朋友对癌症无疑太悲观了，毕竟到那时，癌症也将被根除。

我们所追求的是永生吗？彻底根除疾病的想法似乎意味着我们的确希望如此。但我敢肯定，我们所生活的社区、社会和经济框架甚至无法应对永生。我认为，以我们现在的体制和生活方式，甚至无法承受人类 150 年的寿命。我们似乎不可逆转地迈向寿命变长的社会，但我们却没有能够应对这种变迁的构想、观点、伦理、道德、价值体系和文明的制度结构。没有这种远见，我们就只能在这些问题出现时才开始解决，并再次被新的问题淹没。

如果我们所追求的不是永生，那么，我们的目的或许仅仅是消除那些令人痛苦的疾病，以及给机能良好、高度活跃的人带来死亡或使其丧失能力的疾病。所以我们可能不会触及现有的或可能出现的只侵袭机能开始恶化的人的疾病，以及那些引起无痛苦死亡的疾病。但是，这显然不是我们想要的。假如一个社会想要这样的解决方案，那么只要让每个人都有自己的选择，便能实现。只要社会普遍接受任何人都有权利决定何时结束自己的生命，并以公众能够轻易获得且无痛苦的方式方便地结束自己的生命，便能够完美地实现这一目的。但我们不会这样做。因此，这显然不是我们的目的，或者，更可能的是，我们并没有长远的、经过共同思考的目的。

就所有技术而言，它们的发展与随之而来的价值体系和社会结构变化之间有着密切的联系。我们往往只看到心理和社会发生了变化，但这种变化发生的原因，我们几乎一无所知。在此，我们没必要一一列出这些社会心理变化，毕竟报纸每天都会告诉我们，我们的社会有越来越多的单亲家庭、越来越高的犯罪率和各种毒品的流行，等等。

我们可以看到技术日新月异地发展，但只能模糊地意识到，它们所带来的变化将会产生不良的社会后果，更不清楚这种后果的本
167 质究竟是什么。对太空的探索和利用、计算机和微处理器的普及以及基因工程只是这种技术的几个例子。1981 年 12 月 13 日，《纽约时报》在其头版上刊登了一篇文章。这篇文章介绍了基因研究的迅速发展、已经取得的实际成果和即将取得的成果，文章还简要地指出这些加速发展的技术进步“预示着将产生不可能预测但必定重要的社会、经济和哲学影响”。它很好地说明了我们如何看待技术的未来后果。“预示着”这个词不存在任何警告的意涵，事实上，它听起来甚至是令人欢欣鼓舞的。并且，既然预测是“不可能”的，那我们便可将其束之高阁。对所有这些成就，我们的确应当充满热情和敬畏，但同时，我们也应为此忧心忡忡。人们和社会的变化速度是否足以跟上这些变化，这些变化的发生应当往什么方向发展？无论我们的物种有什么不足，我们都必须尽全力去避免新的问题，但我们什么都没有做。

我发现，我一直主要在说大型工业化社会中的问题，而不是所有人的问题。纽约和小城市，比如说苏丹，它们所存在的问题显然完全不同。但我认为这种不同并不会持续很久，也许只会持续短短的一二百年。

我倾向于认为，我们无法对缺乏远见作太多努力，并将继续以一个问题取代另一个问题。我们这个物种的认知能力十分有限，而这种局限甚至可能妨碍我们提出正确的问题。但这并不意味着我们不可救药，它只意味着我们必须处理和尽力“解决”层出不穷的新难题。所有我们能做的可能是，通过考察过去而对问题有所了解，我想，这正是我所尽力做的事情。

有人认为，我们的思维局限可以通过计算机的帮助来克服。由于计算机按逻辑运作，实际上，计算机始终坚持按逻辑运作，因此人类的局限性是无关紧要的。按照这种说法，既然计算机有速度、能力和耐心去仔细研究所有可能性，那么人类想象力的局限可能也是无关紧要的。例如，杰斯特罗谈道：“在电脑的庇护下，人类的 168
大脑将从肉身凡胎的弱点中获得解脱。”（Jastrow，1981：166）

平心而论，杰斯特罗所谈的是他的未来图景，而我对人类想象力所及的范围持怀疑态度，所以我只想谈谈现在。但我认为，我们所能制作和发布指令的计算机，并不能使我们完全摆脱人类的局限性。因为具有逻辑思维的计算机，我们制作和对其发布指令的基础是，我们或者我们中的部分成员了解逻辑思维的特征并进行逻辑思维（尽管这很难），也就是说它不是从天上掉下来的。如果我们不了解逻辑思维的特征，我们便无法生产富有想象思维的计算机。

如果我们回顾一下人类富有想象力的几项成就，便会了解我们的局限性在这个领域里有多严重。我无意贬低这些成就，甚至对我来说，它们无疑是不朽的，毕竟我也是人类的一员。但我还是想以我的方式去描述一些我想强调的点。

其中一项富有想象力的伟大成就来自哥白尼。他清楚地认识到，如果某个物体和某个观察者的相对位置发生了改变，那么，可能是物体和观察者之一有所移动，也可能是两者同时移动。他那富有想象力的思维跳跃，只想弄清能否构造一个以太阳（而非以他所居住的地球）为静止中心的体系。就人类而言，这种简单的重建步履维艰，它孕育着非同寻常的想象力。随后，开普勒也带来富有想象力的伟大成就，他认为行星的轨迹可能是椭圆的，而不是圆形的。后来，这个强有力的类比跳跃想弄清楚，是否所有物质内部都像无数微小的太阳系。

涉及这些想象的思维过程，对人类来说是非常困难的，但如果我们通过程序指令让计算机来做这些事，它们将变得十分简单。我们可以考虑位置相反的运动，不考虑太阳绕着地球转，而考虑地球绕着太阳转。我们可以考虑简单的偏离命题，不考虑圆形，而考虑椭圆，不考虑光以直线传播，而考虑光以稍微弯曲的路径传播。我们可以进行微小太阳系的类比，考虑电子在导线中的流动，像水从
169 高处往低处流一样。如果这是我们所拥有的最高级的想象力，那我们便不难理解为什么我们很难预测接下去将发生什么。并且我相信，这种局限性将限制我们所能构想、制作并发布指令的计算机。

但是，这个图景还有一个新的面向，即代表着高度复杂形态的生命形式，不会存在太久。尽管我们倾向于把自己这个物种看成是进化发展的顶点，但更可能的事实是，现代人只不过是进化序列上的又一个生物阶段。我们的祖先智人只存活了60000年；而我们，作为一个生物物种，至少已经存在了40000年（假如范德梅尔斯对卡夫泽遗骸的年代测定准确的话，那么我们已经存在的时间可能更久）。

从智人到我们，再从我们到另一个新物种，如果这个新物种拥有更强大的想象力、更高效的语言体系和能够进行更简单、更自然的逻辑思考的神经结构，那么显然可以更有效地发展我们已经创造的技术文明。产生这样一个新物种，并不需要基因结构的大规模突变。也许，通过基因表达控制机制上看似无关紧要的变化，一些生长阶段延长了，而另一些阶段则缩短了。也许，这些变化已经发生了。

问题是，如果发生了这样的基因变化，那么自然选择的过程能使这个新物种取代现代人吗？或者，现代人是否已经设法控制了这个过程？由于我自身的局限性，我无法以任何可信的方式回答这个问题。我甚至无法明辨如今是否存在任何正左右着人口规模的自然选择过程及这些过程的发展方向。不过，我希望这样的自然选择正在发生着。我也希望，在5000年、10000年或20000年之后，将出现比我们更有能力的人类新物种。

参考文献

Allchin, G. 1956. Australian stone industries, past and present. *Royal Anthropological Institute Journal,* 87:115–36.

Bahn, P. G. 1978. The unacceptable face of the west European Upper Paleolithic. *Antiquity,* 52:183–92.

Bahn, P. G. 1980. Reply. *Antiquity,* 54:140–42.

Bar-Yosef, O. 1980. Prehistory of the Levant. *Annual Review of Anthropology,* 9:101–33.

Bar-Yosef, O. 1982. The Mediterranean Levantine Epi-Paleolithic as the background of the "Neolithic revolution." In P. Sorenson and P. Mortenson, eds., *The Origins of Agriculture and Technology,* in press.

Bar-Yosef, O. and B. Vandermeersch. 1981. Notes concerning the possible age of the Mousterian layers in Qafzeh cave. Unpublished ms.

Beck, B. B. 1980. *Animal Tool Behavior.* New York: Garland STPM Press.

Bergounious, F. M. 1961. Notes on the mentality of primitive man. In S. L. Washburn, ed., *Social Life of Early Man.* Viking Fund Publications in Anthropology, no. 31. New York: Wenner Gren Foundation.

Berndt, R. M. and C. Berndt. 1964. *The World of the First Australians.* Chicago: University of Chicago Press.

Binford, L. R. 1968. Post-Pleistocene adaptations. In L. R. Binford and S. R. Binford, eds., *New Perspectives in Archeology.* Chicago: University of Chicago Press.

Blake, W. O. 1858. *The History of Slavery and the Slave Trade.* Columbus, Ohio: J. and H. Miller.

Bordes, F. 1968. *The Old Stone Age.* New York: McGraw-Hill.

Bordes, F. and D. Sonnerville-Bordes. 1970. The significance of variability in Paleolithic assemblages. *World Archaeology,* 2:16–73.

Braidwood, R. J. and B. Howe. 1960. *Prehistoric Investigations in Iraqi Kurdistan.* Studies in Ancient Oriental Civilization, no. 31. Chicago: University of Chicago Press.

Braidwood, R. J., H. Cambel, C. L. Redman, and P. J. Watson. 1971. Beginnings of village-farming communities in southeastern Turkey. *Proceedings of the National Academy of Sciences,* 68:1236–40.

Brain, C. K. 1981. *The Hunters or the Hunted.* Chicago: University of Chicago Press.

Breuil, H. 1952. *Four Hundred Centuries of Cave Art.* Montignac: Centre d' étude et documentation préhistorique.

Burr, D. 1976. Further evidence concerning speech in Neanderthal man. *Man,* n.s. 11:104–10.

Butzer, K. W. 1977. Environment, culture, and human evolution. *American Scientist,* 65:572–84.

Butzer, K. W. 1980. Comments on Wreschner's article on red ochre and human evolution. *Current Anthropology,* 21:635.

Cauvin, J. 1978. Les premiers villages de Syria-Palestine du IXéme au VIIéme millénaire avant J.C. Collection de la maison de l'Orient Mediterranée Ancien, no. 4., Serie Archeologique 3, Lyon.

Chagnon, N. A. and R. B. Hames. 1979. Protein deficiency and tribal warfare in Amazonia: new data. *Science,* 203:910–13.

Chattopadhyay, K. P. 1970. *Ancient Indian Culture Contact and Migrations.* Calcutta: Mukhopadhyay.

Clutton-Brock, J. 1969. Carnivore remains from the excavations of the Jericho Tell. In P. J. Ucko and G. W. Dimbleby, eds., *The Domestication and Exploitation of Plants and Animals.* Chicago: Aldine.

Cohen, M. N. 1977. *The Food Crisis in Prehistory.* New Haven: Yale University Press.

Cowgill, G. L. 1975. On the causes and consequences of ancient and modern population changes. *American Anthropologist,* 77:505–25.

Dart, R. A. and P. B. Beaumont. 1971. On a further radiocarbon date for ancient mining in southern Africa. *South African Journal of Science,* 67:10–11.

Davis, S. and F. Valla. 1978. Evidence for the domestication of the dog 12,000 years ago in the Natufian of Israel. *Nature,* 276:608–10.

de Lumley, H. 1971. L'homme de Tautarel. *Courrier* (CNRS), 2:16–20.

de Lumley, H. 1975. Cultural evolution in France in its paleoecological setting during the Middle Pleistocene. In K. W. Butzer and G. LL. Isaac, eds., *After the Australopithecines.* The Hague: Mouton.

de Lumley, H. and Y. Boone. 1976. Les structures d'habitat au Paléolithique. Inférieur. In H. de Lumley, ed., *La Préhistoire Francaise,* vol. 1. Paris: CNRS.

Diakonoff, I. M. 1958. Some remarks on the "reforms" of Urukagina. *Revue d'Assyriologie et d'archeologie orientale,* 52:1–15.

Dixon, J. R. 1976. Obsidian characterization studies in the Mediterranean and Near East. In R. E. Taylor, ed., *Advances in Obsidian Glass Studies.* Park Ridge, N.J.: Noyes Press.

Dorell, P. 1978. The uniqueness of Jericho. In R. Moorey and P. Parr, eds., *Archaeology in the Levant.* Warminster, Eng.: Aris and Phillips.

Driver, G. R. and J. C. Miles. 1952. *The Babylonian Laws.* 2 vols. Oxford: Clarendon Press.

Drower, M. S. 1969. The domestication of the horse. In P. J. Ucko and G. W. Dimbleby, eds., *The Domestication and Exploitation of Plants and Animals.* Chicago: Aldine.

Erman, A. 1894. *Life in Ancient Egypt.* London: Macmillan.

Flannery, K. V. 1969. Origins and ecological effects of early domestication in Iran and the Near East. In P. J. Ucko and G. W. Dimbleby, eds., *The Domestication and Exploitation of Plants and Animals.* Chicago: Aldine.

Flannery, K. V. 1972. The origins of the village as a settlement type. In P. Ucko, R. Tringham, and G. W. Dimbleby, eds., *Man, Settlement, and Urbanism*. London: Duckworth.
Fortea Perez, F. J. 1975. Algunas aportaciones a los porblemas del arte levantino. *Zephyrus*, 24:225–57.
Freeman, L. G. 1973. The significance of mammalian fauna from Paleolithic occupations in Cantabrian Spain. *American Antiquity*, 38:3–34.
Freeman, L. G. 1975. Acheulian sites and stratigraphies in Iberia and the Maghreb. In K. W. Butzer and G. LL. Isaac, eds., *After the Australopithecines*. The Hague: Mouton.
Gadd, C. J. 1970. The cities of Babylonia. In *The Cambridge Ancient History*, 1:2. Cambridge: Cambridge University Press.
Garrod, D. A. E. and D. M. Bate. 1937. *The Stone Age of Mount Carmel*, vol. 1. Oxford: Oxford University Press.
Gerstang, J. 1953. *Prehistoric Mersin*. Oxford: Oxford University Press.
Gimbutas, M. 1974. *The Gods and Goddesses of Old Europe*. Berkeley: University of California Press.
Gokhale, B. G. 1952. *Ancient India: History and Culture*. London: Asia Publishing House.
Graziosi, P. 1960. *Paleolithic Art*. New York: McGraw Hill.
Hahn, J. 1972. Das aurignacien in mittel und ost-Europa. *Acta Praehistorica et Archeologica*, 3:77–107.
Hallo, W. W. and J. J. A. Van Dijk. 1968. *The Exaltation of Inanna*. New Haven: Yale University Press.
Harlan, J. R. 1967. A wild wheat harvest in Turkey. *Archaeology*, 20:197–201.
Harrold, F. B. 1980. A comparative analysis of Eurasian Paleolithic burials. *World Archaeology*, 12:195–210.
Hawkes, J. G. 1969. The ecological background of plant domestication. In P. J. Ucko and G. W. Dimbleby, eds., *The Domestication and Exploitation of Plants and Animals*. Chicago: Aldine.
Helbaek, J. 1969. Ecological effects of irrigation in ancient Mesopotamia. In P. J. Ucko and G. W. Dimbleby, eds., *The Domestication and Exploitation of Plants and Animals*. Chicago: Aldine.
Henin, R. A. 1969. Patterns and causes of fertility differentials in the Sudan. *Population Studies*, 23:171–98.
Ho, Ping-ti. 1975. *The Cradle of the East*. Chicago: University of Chicago Press.
Holloway, R. 1974. The casts of fossil hominid brains. *Scientific American*, 231(1):106–15.
Howell, F. C. 1966. Observations on the earlier phases of the European Lower Paleolithic. *American Anthropologist*, 68(2/2):88–201.
Howells, W. W. 1975. Neanderthal man: Facts and figures. In R. H. Tuttle, ed., *Australopithecus Paleoanthropology: Morphology and Paleoecology*. The Hague: Mouton.
James, B. O. 1957. *Prehistoric Religion*. London: Thames and Hudson.
Jastrow, R. 1981. *The Enchanted Loom*. New York: Simon and Schuster.
Jelinek, A. 1977. The Lower Paleolithic: current evidence and interpreta-

tions. *Annual Review of Anthropology*, 6:11–32.
Jerison, H. 1973. *Evolution of the Brain and Intelligence*. New York: Academic Press.
Johanson, D. 1980. *Lucy: the Beginnings of Humankind*. New York: Simon and Schuster.
Johanson, D. and T. D. White. 1979. A systematic assessment of early African hominids. *Science*, 203:321–30.
Kawai, M. 1965. Newly acquired precultural behavior of the natural troop of Japanese monkeys on Koshima Islet. *Primates*, 6:1–30.
Kenyon, K. 1957. *Digging up Jericho*. London: Ernest Benn.
Kenyon, K. 1960. Excavations at Jericho, 1957–58. *Palestine Exploration Quarterly*, 92:88–113.
Kirkbride, D. 1968. Beidha: early Neolithic village life south of the Dead Sea. *Antiquity*, 42:263–74.
Klein, R. G. 1973. *Ice-Age Hunters of the Ukraine*. Chicago: University of Chicago Press.
Klein, R. G. 1975. Ecology of Stone Age Man at the southern tip of Africa. *Archaeology*, 28:238–47.
Köhler, W. 1927. *The Mentality of Apes*. London: Rutledge and Kegan Paul.
Kozlowski, J. K. and H. Kubiak. 1972. Late Paleolithic dwellings made of mammoth bones in south Poland. *Nature*, 237:463–64.
Kozlowski, J. 1972–73. The origin of lithic raw material in the Paleolithic of the Carpathian countries. *Acta Archeologica Carpathica*, 13:5–19.
Kramer, S. N. 1963. *The Sumerians*. Chicago: University of Chicago Press.
Kurten, B. 1965. The carnivora of the Palestine caves. *Acta Zoologica Fennica*, 107:1–74.
Leakey, L. S. B. 1958. Recent discoveries at Olduvai Gorge, Tanganyika. *Nature*, 19:1099–1103.
Lee, R. 1979. *The !Kung San: Men, Women, and Work in a Foraging Society*. Cambridge: Cambridge University Press.
Lee, R. B. and I. DeVore, eds. 1968. *Man the Hunter*. Chicago: Aldine.
Le May, M. 1975. The language capability of Neanderthal man. *American Journal of Physical Anthropology*, 42:9–14.
Lewin, R. 1981. Ethiopian stone tools are world's oldest. *Science*, 211:806–7.
Lewis, B. 1980. *The Sargon Legend*. Dissertation series #4. Cambridge, Mass.: American Schools of Oriental Research.
Lieberman, P. 1975. *On the Origins of Language*. New York: Macmillan.
Lieberman, P. and E. S. Crelin. 1971. On the speech of Neanderthal man. *Linguist Inquiry*, 2:203–22.
Louis, P. 1965. *Ancient Rome at Work*. New York: Barnes and Noble.
Lovejoy, C. O. 1981. The origin of man. *Science*, 211:341–50.
Mallowan, M. E. L. 1970. The development of cities from Al-'Ubaid to the end of Uruk. In *The Cambridge Ancient History*, 1:1. Cambridge: Cambridge University Press.
Mallowan, M. E. L. and R. J. Cruikshank. 1935. Prehistoric Assyria: the excavations at Tell Arpachiyah. *Iraq*, 2(1) London.
Maringer, J. 1960. *The Gods of Prehistoric Man*. London: Weidenfeld and Nicholson.

Marshack, A. 1976. Some implications of the Paleolithic symbolic evidence for the origin of language. *Current Anthropology*, 17:274–81.
Mellaart, J. 1962. Excavations at Çatal Hüyük. *Anatolian Studies*, 12:41–65.
Mellaart, J. 1966. Excavations at Çatal Hüyük, 1965. *Anatolian Studies*, 16:67–110.
Mellaart, J. 1967. *Çatal Hüyük*. New York: McGraw-Hill.
Mellaart, J. 1970a. The earliest settlements in Western Asia from the 9th to the 5th Millennia B.C. In *The Cambridge Ancient History*, 1:1. Cambridge: Cambridge University Press.
Mellaart, J. 1970b. *Excavations at Hacilar*. Edinburgh: Edinburgh University Press.
Mellaart, J. 1975. *The Neolithic of the Near East*. London: Thames and Hudson.
Mendelsohn, I. 1932. *Legal Aspects of Slavery in Babylonia, Assyria, and Palestine*. Williamsport, Pa.: Bayard Press.
Menzel Jr., E. W. 1972. Spontaneous invention of ladders in a group of young chimpanzees. *Folia Primatoligica*, 17:87–106.
Napier, J. 1962. The evolution of the hand. *Scientific American*, 207:56–62.
Pericot, L. and E. R. Ripoll. 1964. *Prehistoric Art of the Western Mediterranean and the Sahara*. Viking Fund Publications in Anthropology, no. 39. New York: Wenner Gren Foundation.
Perrot, J. 1963. Excavations at 'Eynan. *Israel Exploration Journal*, 13:14–22.
Phillips, P. 1980. *The Prehistory of Europe*. Bloomington: Indiana University Press.
Reed, C. A. 1969. The pattern of animal domestication in the prehistoric Near East. In P. J. Ucko and G. W. Dimbleby, eds., *The Domestication and Exploitation of Plants and Animals*. Chicago: Aldine.
Roper, M. K. 1969. A survey of evidence of intra-human killing in the Pleistocene. *Current Anthropology*, 10:427–59.
Rosengarten, Y. 1959. La nation sumerienne de souferainte divine. *Revue de l'histoire des religions*, 156:129–60.
Safar, F. 1949. The identification of Dudu. *Sumer*, 5:133–35.
Sargent, R. K. 1924. *The Size of the Slave Population at Athens During the Fifth and Fourth Centuries Before Christ*, vol. 12. University of Illinois Studies in the Social Sciences. Urbana: University of Illinois Press.
Schaefer, O. 1971. When the Eskimo comes to town. *Nutrition Today*, 6:8–16.
Siegel, B. J. 1947. Slavery during the third dynasty of Ur. *American Anthropologist* n.s., 49(1/2):5–54.
Smith, P. 1972. Diet and attrition in the Natufians. *American Journal of Physical Anthropology*, 37:233–38.
Solecki, R. S. 1959. Three adult Neanderthal skeletons from Shanidar Cave, northern Iraq. *Smithsonian Institution Annual Report*, pp. 603–35.
Solecki, R. S. 1971. *Shanidar: The First Flower People*. New York: Knopf.
Sturdy, D. A. 1975. Some reindeer economies in prehistoric Europe. In E. S. Higgs, ed., *Paleoeconomy*. Cambridge: Cambridge University Press.
Sussman, R. M. 1972. Child transport, family size, and increase in human

population during the Neolithic. *Current Anthropology*, 13:258–59.

Thoma, A. 1976. Le peuplement anté-néandertalien d'Europe dans le context paléoanthropologique de l'ancien monde. IX Congress UISPP, Nice. 9:7–16. Paris: CNRS.

Toda, M. 1982. *Man, Robot, and Society*. Boston: Martinus Nijhoff.

Trinkaus, E. 1978. Hard times among the Neanderthals. *Natural History*, 87:58–63.

Vandermeersch, B. 1978. Quelques aspects du probleme de l'origine de l'homme moderne. In *Les Origine Humaine et les Époque de l'Intelligence*. Fondation Singer-Polignac. Paris: Masson.

Van Loon, M. 1968. The oriental institute excavations at Mureybit, Syria. *Journal of Near Eastern Studies*, 27:265–82.

Van Zeist, W. 1976. On macroscopic traces of food plants in southwestern Asia. *Philosophical Transactions, Royal Society London*, series B, 275:27–41.

Vial, L. G. 1940. Stone axes of Mount Hagen. *Oceania*, 11:158–63.

Watson, P. J. 1966. Clues to Iranian prehistory in modern village life. *Expedition*, 8(3):9–19.

Wendorf, F. 1968. A Nubian final Paleolithic graveyard near Jebel Sahaba, Sudan. In F. Wendorf, ed., *The Prehistory of Nubia*. Dallas, Texas: Southern Methodist University Press.

Wendorf, F. and R. Schild. 1980. *Prehistory of the Eastern Sahara*. New York: Academic Press.

Wenke, R. J. 1980. *Patterns in Prehistory*. New York: Oxford University Press.

White, T. D. 1980. Evolutionary implications of Pliocene hominid footprints. *Science*, 208:175–76.

Wilbur, C. M. 1943. *Slavery in China During the Former Han Dynasty*. New York: Russell and Russell.

Wooley, L. 1954. *Excavations at Ur*. New York: Barnes and Noble.

Wreschner, E. E. 1980. Red ochre and human evolution: A case for discussion. *Current Anthropology*, 21:631–33.

Wynn, T. 1979. The intelligence of later Acheulian hominids. *Man*, 14(3):371–91.

索　引

（译者注：所列页码为原文页码，即本书边码。）

A

C

D

E

G

H

I

J

K

L

M

N

O

P

Q

R

S

T

U

V

W

Y

图书在版编目（CIP）数据

人类的遗产："文明社会"的演化与未来/（美）利昂·费斯汀格著；林小燕译．—北京：中国人民大学出版社，2018.9
（西方心理学大师经典译丛/主编郭本禹）
书名原文：The Human Legacy
ISBN 978-7-300-26033-4

Ⅰ.①人… Ⅱ.①利… ②林… Ⅲ.①社会心理学-研究 Ⅳ.①C912.6-0

中国版本图书馆 CIP 数据核字（2018）第 168414 号

西方心理学大师经典译丛
主编 郭本禹
人类的遗产
"文明社会"的演化与未来
[美] 利昂·费斯汀格（Leon Festinger） 著
林小燕 译
Renlei de Yichan

出版发行	中国人民大学出版社		
社　址	北京中关村大街 31 号	**邮政编码**	100080
电　话	010－62511242（总编室）		010－62511770（质管部）
	010－82501766（邮购部）		010－62514148（门市部）
	010－62515195（发行公司）		010－62515275（盗版举报）
网　址	http://www.crup.com.cn		
	http://www.ttrnet.com(人大教研网)		
经　销	新华书店		
印　刷	天津中印联印务有限公司		
规　格	155 mm×230 mm 16 开本	**版　次**	2018 年 9 月第 1 版
印　张	15.75 插页 3	**印　次**	2018 年 9 月第 1 次印刷
字　数	170 000	**定　价**	55.00 元